MON JARDIN
BEAU À CROQUER

Avertissement

Les auteurs et l'éditeur déclinent toute responsabilité en cas d'intoxication due à une mauvaise interprétation des renseignements contenus dans cet ouvrage ou à une réaction d'intolérance personnelle. Les indications thérapeutiques citées ne remplacent pas une consultation auprès d'un spécialiste de la santé.

Directeur de collection

Bernard Bertrand

ISBN : 978-2-35981-148-3
Dépôt légal : février 2021

Éditions de Terran – 355, rue de la Montagne-Noire – 31750 Escalquens
Tél. : 05 61 00 09 86 (accueil) – 05 81 91 31 31 (commandes)
Courriel : terran@piktos.fr
Site Internet : www.terran.fr

Marie-Christine Lemayeur
Bernard Alunni

ici, TOUT se MANGE!

MON JARDIN BEAU À CROQUER

Créer son jardin ornemental comestible

terran

Sommaire

Introduction

Quand on a la chance de posséder un jardin, une terrasse ou même un balcon, une question primordiale va se poser à nous : mais que vais-je bien pouvoir planter ?
Par manque de place ou de temps, on peut hésiter entre le pur décoratif, avec une surface fleurie ornementale, et l'alimentaire, avec des cultures vivrières… Mais pourquoi choisir entre la beauté et l'utilitaire ? Il est en effet tout à fait possible de créer un beau jardin avec de jolies plantes comestibles, qu'elles soient sauvages, horticoles ou maraîchères, et réaliser l'environnement de vos rêves sans qu'il ressemble à un potager, toujours très chronophage et délicat à entretenir…
Outre l'esthétisme engendré par ce mariage des genres, vous vous rendrez vite compte que ces alliances seront bénéfiques pour la santé de vos protégées ! En permaculture comme en jardin bio, on mêle certaines fleurs et plantes aromatiques aux légumes et aux fruitiers, car elles sont en effet des aides précieuses pour attirer les pollinisateurs et lutter contre les insectes indésirables. Cette biodiversité vertueuse est intéressante pour n'importe quelle partie du jardin, de la haie composée d'espèces multiples aux massifs de fleurs, potées et rocailles.
Voilà donc ce que nous vous proposons dans ce livre, une aide pour créer un jardin d'agrément – ou un joli balcon ! – entièrement comestible grâce aux nombreuses plantes qui vous sont présentées ici. Il vous faudra sans doute composer avec des végétaux déjà en place, car il est bien rare d'arriver sur un terrain entièrement vierge. Avec un peu de chance, vous découvrirez que certains sont comestibles, mais d'autres, probablement, ne le seront pas. Un dilemme se posera donc à vous : les sacrifier (ou, mieux, les offrir à des amis), ou encore attendre leur disparition et les remplacer petit à petit… C'est cette dernière option que j'ai choisie pour notre propre jardin, à l'origine purement ornemental. Sa métamorphose prendra des années, j'en suis consciente, mais petit à petit j'y parviens et le résultat en vaut la peine ! C'est bien sûr beaucoup plus facile pour un balcon ou une terrasse…
Ainsi, de la fleur ornementale, aux vertus culinaires insoupçonnées, aux potagères décoratives en passant par les arbustes, les belles sauvages à apprivoiser mais aussi les « mauvaises herbes » si injustement qualifiées d'indésirables, découvrez au fil des pages ces délicieuses plantes ! Chapitre par chapitre, de

la haie aux attraits esthétiques et culinaires valables toute l'année jusqu'aux massifs fleuris et aux potées, elles embelliront votre environnement tout en vous nourrissant !

Bonne lecture, bonnes plantations… et régalez-vous !

Marie-Christine Lemayeur

Précautions et conseils

Attention, toutes les plantes ornementales ne se mangent pas ! À l'instar d'autres végétaux, certaines d'entre elles peuvent même avoir des parties comestibles et d'autres extrêmement toxiques. C'est le cas, par exemple, de la jacinthe : ses fleurs sont délicieuses mais son bulbe est un poison. Il conviendra donc de se renseigner avant toute utilisation et de bien lire les fiches de chaque spécimen présenté dans cet ouvrage.

Le plaisir de consommer les plantes du jardin, cultivées ou sauvages, doit donc s'accompagner d'une certaine prudence :

- Ne consommer que ce qui a été parfaitement identifié pour éviter les risques de confusion et de graves intoxications.
- Ne jamais consommer un végétal qui a reçu un traitement chimique (pesticide, herbicide ou engrais chimique) ; pour cela, proscrire les plantes non bio achetées dans le commerce ou les mettre en quarantaine un moment afin qu'elles redeviennent saines. Mieux vaut faire pousser vous-même vos propres plants, que vous ne traiterez pas, évidemment. Privilégier une fertilisation biologique (compost, fumure, engrais verts, corne torréfiée, sang séché…), les auxiliaires (coccinelles, syrphes, chrysopes…) pour la lutte contre les ravageurs et les traitements naturels (purins, savon noir, bicarbonate…) contre les maladies.
- Bien connaître les besoins de la plante que vous voulez installer : la terre dans laquelle elle aime pousser, l'exposition qui lui convient, la période favorable de plantation, sa rusticité, sa gourmandise ou sa frugalité. Ces précautions sont essentielles pour que votre protégée pousse bien et soit en bonne santé, ce qui la rendra plus résistante aux maladies et aux insectes. Cela déterminera aussi le choix des végétaux ; on ne plantera pas, par exemple, un yucca dans un jardin humide en région froide ou des hostas en plein soleil dans une terre aride. Connaître également la forme et anticiper la taille qu'ils prendront une fois adultes évitera de se retrouver avec un géant dans un jardin de Lilliputiens !

- Prendre garde à l'environnement du lieu de culture – les plantations doivent être le plus loin possible de toute pollution chimique, automobile ou animale. Si c'est peu important pour un pur jardin d'agrément, cela le devient quand les plantes sont consommées. Éviter donc les bords de routes, les abords où vous garez votre voiture. Côté animaux, attention aux déjections du renard, des rongeurs, du chat ou du chien, par exemple, qui peuvent entraîner de graves maladies parasitaires comme la toxoplasmose ou l'échinococcose. Certaines régions, notamment l'est de la France, sont particulièrement touchées. Pour éviter les risques parasitaires, le lavage des feuilles ou des fruits ne suffit pas, la cuisson est alors la seule manière de consommer vos récoltes !

Outre ces précautions d'usage, le prélèvement de sauvageonnes dans la nature pour une implantation chez soi doit s'effectuer avec intelligence et respect :

- Ne jamais récolter d'espèces protégées.
- Ne pas prélever une plante de façon inconsidérée, même si elle paraît abondante ; celle-ci doit toujours avoir la possibilité de croître et de se reproduire. Pour cela, privilégier si possible la récolte de graines pour un semis chez soi plutôt que de transplanter un végétal qui aura du mal à repartir, tout particulièrement les annuelles. Dans tous les cas, essayez de recréer les mêmes conditions de vie pour une meilleure reprise : substrat, exposition, arrosage…

Un dernier conseil pour avoir un beau jardin, riche de multiples variétés, sans trop dépenser : usez et abusez des trocs de plantes ! Je fais cela depuis de nombreuses années et mon jardin recèle des plantes que l'on ne trouve pas forcément dans les jardineries. Avec en plus les conseils avisés et conviviaux des personnes qui échangeront avec vous. Une bien jolie manière de prendre contact avec des passionnés comme vous !

Petit glossaire botanique

Akène : Fruit sec ne s'ouvrant pas et ne contenant qu'une graine.

Alterne : Positionnement des feuilles le long d'une tige, une à une et en alternance sur chaque côté.

Annuel : Végétal dont le cycle de vie se passe au cours d'une seule année.

Arbrisseau : Végétal ligneux ramifié n'excédant pas 7 m de haut.

Arbuste : Végétal ligneux à tronc unique n'excédant pas 7 m de haut.

Bipennée : Feuille composée de folioles opposées, elles-mêmes divisées en petites folioles.

Bisannuel : Végétal fleurissant et se reproduisant la deuxième année de sa croissance avant de mourir.

Bractée : Feuille réduite à la base d'une fleur ou d'un fruit.

Calice : Ensemble des sépales d'une fleur.

Carpelle : Partie de la fleur femelle entourant l'ovaire ou partie d'un fruit composé.

Cordiforme : En forme de cœur.

Corymbe : Inflorescence aux pédoncules ne partant pas au même niveau de la tige mais s'élevant ensuite à peu près au même niveau.

Dioïque : Végétal produisant des fleurs unisexuées, soit mâles, soit femelles, sur des pieds différents.

Étamine : Organe mâle d'une fleur.

Foliole : Division d'une feuille composée, ressemblant à une feuille simple.

Halophyte : Se dit d'une plante adaptée aux milieux salés (bords de mer, marais salants…).

Inflorescence : Groupe de fleurs sur une même tige.

Involucre : Ensemble des bractées florales à la base d'une inflorescence.

Limbe : Partie large de la feuille.

Ombelle : Inflorescence aux pédoncules naissant au même point et s'élevant à peu près au même niveau.

Ombellule : Petite ombelle au sommet des rayons d'une ombelle composée.

Panicule : Inflorescence pyramidale formant des grappes ramifiées.

Pédoncule : « Queue » de la fleur.

Pétiole : « Queue » de la feuille, reliant le limbe à la tige.

Pistil : Organe femelle de la fleur.

Pubescent : Couvert de poils fins et mous.

Rhizome : Tige souterraine horizontale émettant des racines.

Samare : Akène muni d'une aile membraneuse.

Sépale : Partie florale extérieure aux pétales, ressemblant à une feuille.

Sessile : Se dit d'une feuille ou d'une fleur sans « queue ».

Silique : Fruit sec allongé s'ouvrant par deux fentes.

Stigmate : Extrémité du pistil où se déposent les grains de pollen.

Succulent : Organe végétal épaissi contenant des réserves d'eau.

Vivace : Végétal vivant plusieurs années.

Anatomie d'une plante

LA FLEUR

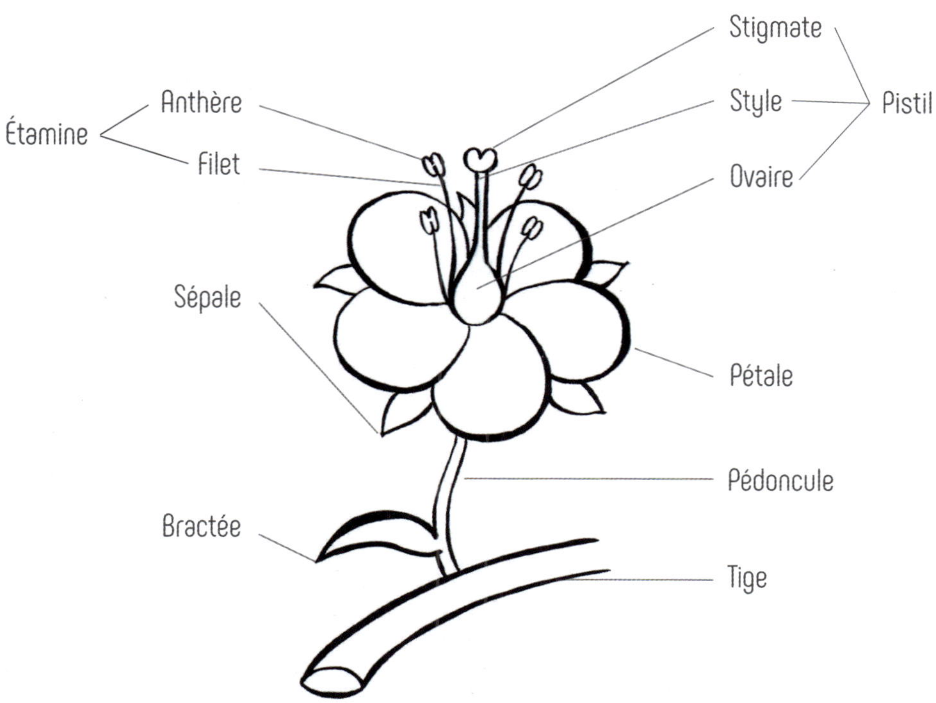

LA FEUILLE

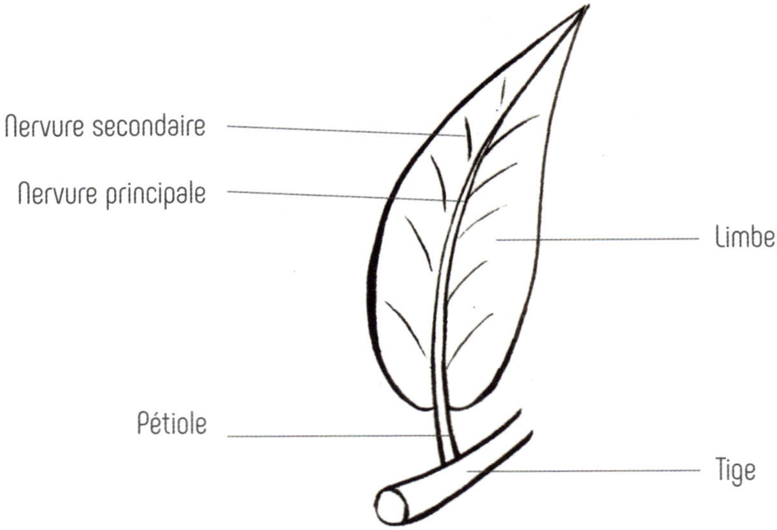

Exemples de forme de feuilles

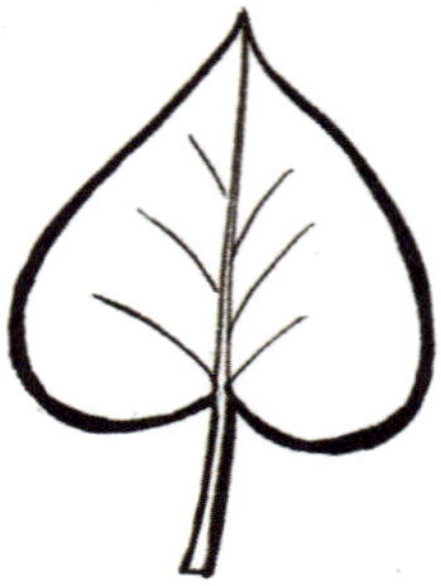
Cordée ou cordiforme

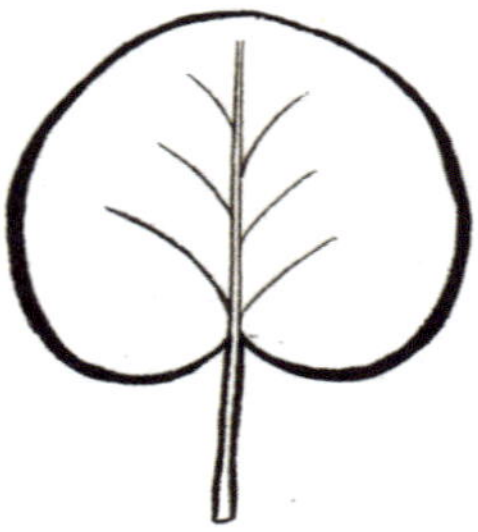
Réniforme

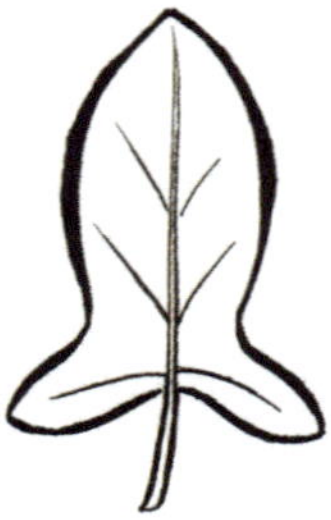
Hastée

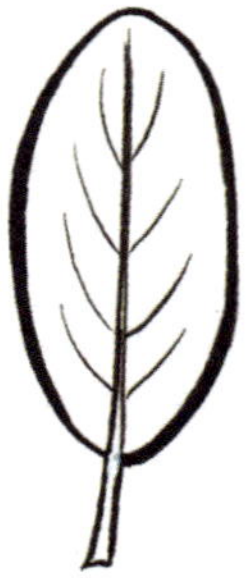
Ovale

Lancéolée

Linéaire

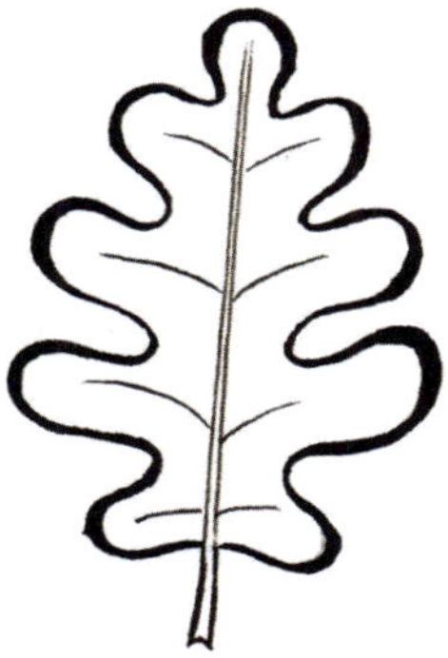

Lobée

Trilobée

Palmée

Pennée

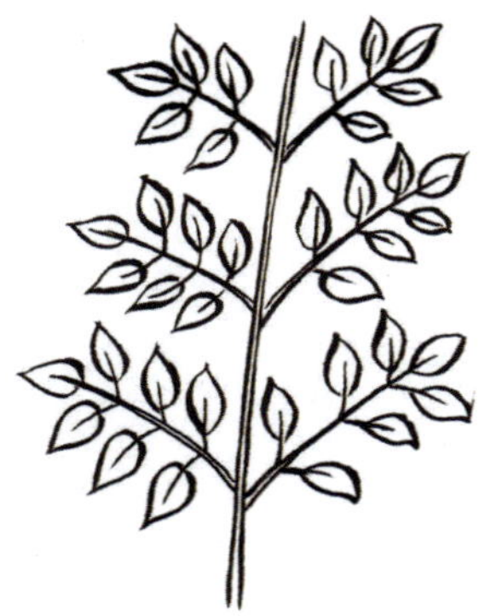

Bipennée

Disposition des feuilles

Feuilles alternes

Feuilles opposées

Symboles utilisés dans le livre

Les symboles suivants vous aideront à visualiser immédiatement ce que vous pouvez manger sur chaque plante présentée dans cet ouvrage.

les feuilles

les fruits, les baies, les gousses

les bulbes

les fleurs

les graines

les tiges

les jeunes pousses

les racines, les rhizomes

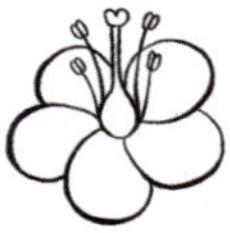

les stigmates

Chapitre I

Les plantes de haie

Arbres, arbustes, plantes grimpantes

Planter des arbres demande de la réflexion, que ce soit pour former une haie, créer un verger ou réaliser une figure de style avec un beau sujet isolé. Pourtant, je conseille de réaliser ce travail dès le commencement d'un jardin. Pourquoi ? Parce que leur croissance est plus lente que chez les autres végétaux et qu'il faudra souvent attendre quelques années avant d'en récolter les fruits, tant gustatifs qu'esthétiques !

Créer une haie autour de son jardin pour se protéger des vis-à-vis ou du vent est bien sûr essentiel. On pourra également éprouver le besoin de planter une haie défensive avec des végétaux aux épines dissuasives. Mais rien n'est plus triste et moins écologique qu'une haie plantée d'une seule espèce, comme les monotones haies de thuya ou de laurier-cerise qui tombent régulièrement malades du fait de la promiscuité engendrée par cette monoculture ! Une haie en forme libre ou taillée sera beaucoup plus belle, variable en couleur au fil des saisons et moins sujette aux maladies si elle est complantée d'espèces différentes. Et si, en plus, les végétaux qui la composent sont tous comestibles, c'est le repas assuré après chaque taille ! Pour le choix de ces plantes, il sera intéressant d'observer la nature autour de son jardin pour y incorporer des essences sauvages déjà présentes alentour : cela pourra être un églantier, un prunellier, une clématite vigne blanche ou un sureau, par exemple, que l'on mêlera à des espèces cultivées à feuillage caduc ou persistant. Enfin, cette biodiversité végétale sera également propice à la multiplicité de la vie animale, si importante pour l'équilibre du jardin.

Voici donc, dans ce premier chapitre, une sélection de divers arbres et arbustes, sauvages ou cultivés, qui pourront orner votre environnement et remplir vos assiettes. J'ai volontairement mis de côté les arbres fruitiers « classiques » pour vous présenter d'autres espèces, auxquelles on ne pense pas ordinairement en dehors de leur aspect esthétique (mais rien ne vous empêche de les mélanger aux autres plantes, en fond ou en milieu de massif par exemple, pour de jolies et productives associations !). J'y ai adjoint également de belles et délicieuses plantes grimpantes qui feront merveille dans une haie, adossées ou palissées contre un mur, un grillage ou des congénères. Les grimpantes ont d'ailleurs l'avantage d'avoir une emprise au sol moindre, ce qui peut être très utile lorsque l'on manque de place.

L'actinidia

Actinidia deliciosa

Actinidier, arbre à kiwis, groseillier de Chine

Vigoureuse liane sarmenteuse, l'actinidia, en plus de nous régaler de kiwis, apportera en été une ombre bénéfique sous une tonnelle, grâce à son beau et généreux feuillage.

Présentation

Originaire de Chine, l'actinidia, est une liane de la famille des Actinidiacées. Sa culture intensive en Nouvelle-Zélande a fait baptiser son fruit « kiwi », du nom de l'oiseau emblématique de cette île. Son feuillage est composé de grandes feuilles caduques vertes, cordiformes et légèrement velues. Ses branches volubiles s'accrochent et s'entortillent autour de tout support ; elles peuvent recouvrir une longueur de 10 m. L'actinidia est dioïque mais il existe aussi des variétés autofertiles. Cependant, ces dernières sont généralement moins productives. La floraison se produit en mai-juin avec de grands pétales jaunâtres entourant de longues étamines jaune d'or pour les fleurs mâles, tandis que les fleurs femelles comportent des étamines plus courtes ceinturant des stigmates blancs. Les fruits se récoltent de septembre à février suivant les variétés.

Culture

L'actinidia se plante en pleine terre à l'automne ou en mars, dans un sol riche, frais, profond, humifère et non calcaire. Il préférera une situation ensoleillée ou la mi-ombre dans le Midi. Pour obtenir une fructification, il sera nécessaire d'avoir un pied mâle et un pied femelle, ou d'acquérir une variété autofertile (souvent peu prolifique). Prévoir des tuteurs solides. Il se taille en hiver à 3 ou 4 yeux au-dessus d'un fruit. Les gourmands s'éliminent en août.

Utilisations

L'actinidia est idéal pour recouvrir une pergola, mais il peut aussi masquer esthétiquement un grillage ou les canisses d'une séparation de propriété et faire ainsi office de haie caduque.

Gastronomie

Les fruits se récoltent avant les gelées et doivent mûrir tranquillement dans un local frais. Disposer des pommes à proximité accélère le processus. Riches en vitamine C, les kiwis se dégustent frais, seuls ou en salade de fruits, en confiture et dans une multitude de desserts.

Précautions

Même s'il est rustique à – 15 °C, l'actinidia a des jeunes pousses fragiles qui craignent les fortes gelées printanières. Le planter à l'abri du vent, car ses branches cassent facilement.

En haut : fleur mâle. En bas : kiwis prêts à être cueillis.

L'arbousier

Arbutus unedo
Arbre aux fraises

Superbe arbuste méditerranéen, l'arbousier arbore en fin d'année les couleurs de Noël avec ses délicieuses baies rouges, ses clochettes blanches et son feuillage vert vernissé.

Présentation

Arbuste commun du maquis à sol acide et des lisières, l'arbousier fait partie de la famille des Éricacées. De croissance lente, il peut atteindre 7 à 8 m de haut mais aussi s'étaler largement. Son écorce brune s'exfolie en lamelles rougeâtres. Les feuilles vertes sont persistantes, ovales, coriaces à bords dentés, luisantes sur le dessus. D'octobre à décembre, de petites clochettes blanches regroupées en panicules côtoient les fruits de l'an passé qui passent du vert au jaune, puis au rouge à maturité. Les baies sont sphériques et hérissées. Les fleurs sont très attractives pour les bourdons et les dernières abeilles tandis que les arbouses font le régal des oiseaux.

Culture

L'arbousier se plante en pleine terre au soleil dans un sol drainant, léger et peu calcaire. De culture on ne peut plus facile, il ne nécessite pas d'autre traitement qu'un arrosage (modéré) durant la première année de culture. Il supporte bien la sécheresse et résiste à des températures entre – 12 et – 16 °C.

Utilisations

L'arbousier peut se cultiver isolé pour mettre en valeur toutes ses qualités esthétiques, mais il est aussi parfait à installer dans une haie grâce à son feuillage persistant et dense. Espacés de 1,20 à 1,50 m, les plants d'arbousier pourront constituer un brise-vent efficace ou une haie fournie, car ils supportent bien la taille.

Gastronomie

Les arbouses peuvent se consommer crues telles quelles ou être rajoutées dans les salades de fruits. Leur saveur est un peu fade et acidulée, la chair granuleuse légèrement sucrée rappelle la poire. On les utilise en confiture et en gelée (ce qui permet d'éliminer la texture granuleuse), en sirop, en pâte de fruits, dans les gâteaux ou encore en liqueur. Les feuilles prises en tisane ont des vertus médicinales.

Précautions

Les arbouses sont laxatives si on abuse de leur consommation.

L'arbre de Judée

Cercis siliquastrum
Gainier

Fleurissant de mars à mai, l'arbre de Judée est un magnifique arbuste à retenir pour sa beauté et pour les bienfaits qu'il apporte à son environnement comme à notre cuisine !

Présentation

Originaire d'Europe et d'Asie mineure, l'arbre de Judée se retrouve dans nos jardins et parfois à l'état sauvage. Son extraordinaire floraison rose en fait un incontournable dans un jardin même petit, car sa taille se situe généralement entre 3 et 5 m de haut. Arbre caduc et cauliflore (ses fleurs poussent sans tige, directement sur le tronc et les branches), il possède de jolies feuilles alternes, rondes en forme de cœur, poussant au bout d'un long pétiole. Les fruits se présentent comme de fines gousses vertes devenant brunes à maturité.

Culture

L'arbre de Judée est une bénédiction au jardin, car, outre sa beauté, il fertilisera aussi votre sol (il fait partie de la vaste famille des Fabacées), éloignera les psylles du verger (en attirant leurs prédateurs) et attirera les pollinisateurs avec sa floraison mellifère. Le planter en zone ensoleillée, dans un sol calcaire et bien drainé où il atteindra rapidement 3 m de haut avant de voir sa croissance stagner. Bien qu'il soit rustique (– 10 voire – 15 °C), ses fleurs craignent les gelées tardives. On pourra l'incorporer à une haie, même si son tronc ramifié et tortueux en fait un très beau sujet, planté en isolé.

Associations

L'arbre de Judée illuminera vos haies ou vos fonds de massifs, et sera très joli associé à des feuillages vert tendre ou en camaïeu avec des plantes roses, mauves ou violettes comme la glycine, des rosiers ou la lunaire.

Gastronomie (cf. recette p. 311)

Doux et légèrement acidulés, fleurs et boutons floraux régaleront vos yeux et vos papilles dans toutes vos crudités ! On peut également les cuisiner pour accompagner viandes, poissons et légumes. En dessert, ils peuvent être cuits en beignets ou être incorporés dans des gâteaux. Les très jeunes gousses encore vertes se mangent aussi, crues ou cuisinées comme légumes.

Note

Il existe une variété à fleurs blanches, tout aussi comestible.

L'arroche maritime

Atriplex halimus

Arroche halime, pourpier de mer

L'arroche maritime est un arbrisseau très décoratif idéal pour former une haie. Indispensable au jardin comme en cuisine avec une récolte possible toute l'année !

Présentation

L'arroche maritime est une Amaranthacée originaire du pourtour méditerranéen qui a aussi été introduite sur le littoral atlantique, où elle prospère avec succès car c'est également une plante halophyte. C'est un arbrisseau au feuillage persistant à semi-persistant comportant des tiges blanchâtres souples aux feuilles alternes, ovales ou losangiques de couleur gris-vert argenté. Poussant en buisson compact si on la taille régulièrement, cette arroche pousse rapidement et peut atteindre 2 m de haut. Sa floraison est insignifiante et se produit en fin d'été.

Culture

L'arroche maritime n'aime pas les sols humides et trop riches ; elle se contentera d'un sol pauvre, drainant et bien ensoleillé. Rustique (– 12 voire – 15 °C) sur de courtes périodes, elle résiste naturellement aux embruns. On la plantera en pleine terre du printemps à l'automne, en évitant les périodes de froid ou de très forte chaleur. Durant la première année de plantation, penser à l'arroser un peu l'été et à la protéger si l'hiver est rigoureux ; ensuite, c'est une plante sans souci ! L'entretien consistera à supprimer le bois mort ou malingre en fin d'hiver jusqu'en avril. Elle se multiplie par semis ou par bouturage.

Utilisations

Parfaite en brise-vent, en haie ou en topiaire, l'arroche maritime ne craint pas la taille, bien au contraire ! On pourra l'utiliser seule ou la combiner à d'autres végétaux comme le rosier de Banks, le myrte, le mahonia, le laurier-sauce…

Gastronomie (cf. recettes p. 292, 296 et 298)

L'arroche maritime est une délicieuse plante comestible. On pourra récolter ses feuilles (sans les tiges, trop coriaces) tout au long de l'année et donc à chaque taille de haie. Sa saveur se rapproche un peu de celle de l'épinard, sans en avoir le goût terreux. Elle se cuisine d'ailleurs comme n'importe quel légume vert : cuite à la vapeur ou à la crème, sautée à la poêle, en gratin, en tarte, en lasagnes, en soupe, en brouillade, tout est permis ! Crues, ses jeunes feuilles au goût étonnamment salé peuvent aussi agrémenter une salade.

Précautions

Ses feuilles contenant des saponines, il est préférable de les cuire avant de les consommer.

L'aubépine

***Crataegus* spp.**
Épine blanche, cenellier

Commun dans nos campagnes, l'aubépine se remarque au printemps par son élégante floraison blanche, puis à l'automne avec ses jolies petites baies rouges comestibles.

Présentation

L'aubépine est un arbuste épineux caduc de la famille des Rosacées. Chez nous, les deux principales espèces sauvages sont l'aubépine monogyne (*Crataegus monogyna*), dont le fruit ne contient qu'un seul noyau, et l'aubépine à deux styles (*C. laevigata*), aux fruits à deux noyaux. Pouvant atteindre 5 m de haut et poussant en nombreux rameaux épineux, l'aubépine a des feuilles vertes alternes, à 3 à 7 lobes, et dentées. Elle fleurit en avril-mai en corymbes de petites fleurs blanches ou légèrement rosées à l'odeur particulière. Les petites baies rouges, appelées cenelles, arrivent à maturité à l'automne. Il existe aussi des variétés horticoles aux fleurs doubles et aux tons plus vifs.

Culture

Peu exigeante, l'aubépine se plante au jardin dans une terre ordinaire, drainante, en plein soleil comme à la mi-ombre. Très rustique (– 15 °C), elle ne demandera que quelques arrosages en été la première année et, comme entretien, d'enlever le bois mort s'il y a lieu. Elle se taille après la floraison ou en automne.

Utilisations

Autrefois, il était courant de planter de l'aubépine pour former des haies impénétrables. En plus d'être esthétiques, elles offrent le gîte et le couvert aux oiseaux ! Étant caduque, elle pourra être associée à d'autres espèces qui ne le sont pas comme le genévrier, l'arroche maritime ou l'arbousier. Mais elle se mariera bien aussi avec l'églantier, le prunellier ou le sureau noir.

Gastronomie

Les bourgeons et les très jeunes feuilles se rajoutent aux salades, aux sauces, sur des toasts ou du fromage, tout comme les pétales des fleurs. Les cenelles sont un peu fades et farineuses avec une saveur de pomme. On peut s'amuser à les croquer crues, mais elles seront plus intéressantes cuites en purée (après les avoir passées au moulin à légumes), en compote, en gelée ou encore pour aromatiser vins et liqueurs. L'aubépine est aussi une plante médicinale.

Précautions

L'aubépine étant très sensible au feu bactérien, sa plantation et sa multiplication ne sont pas libres. Seules la production et la vente par des professionnels de variétés indemnes ou résistantes à cette maladie (qui n'a pas de traitement à ce jour) sont autorisées.

La clématite des haies

Clematis vitalba
Clématite vigne blanche, herbe aux gueux

Vigoureuse liane sauvage à fleurs blanches, cette clématite est intéressante en haie ou pour recouvrir une pergola. De plus, ses nombreuses jeunes pousses se mangent !

Présentation

La clématite des haies est une Renonculacée commune dans les sous-bois, les haies et les garrigues. Pouvant grimper à de grandes hauteurs ou s'étaler jusqu'à 25 m de longueur, elle forme des tapis recouvrant toute la végétation environnante. Ses tiges ligneuses ont une écorce grise se détachant en lames longues. Les feuilles opposées sont pétiolées, vert tendre lorsqu'elles sont jeunes, pennées, composées de 3 à 7 folioles ovales, entières et plus ou moins dentées. La floraison apparaît de juin à octobre en petites fleurs blanc crème à 4 tépales et aux étamines réunies en bouquet. Les fruits se composent ensuite de nombreux carpelles plumeux à l'aspect de flocons duveteux et aériens très décoratifs.

Culture

Rustique (jusqu'à – 20 °C), cette clématite apprécie les sols légers, profonds, drainés et riches. On pourra la cultiver en pleine terre au soleil comme à la mi-ombre. De croissance rapide, elle se taille à n'importe quel moment de l'année, ce qu'il ne faut pas hésiter à faire au vu de sa vigueur. Elle se bouture en été avec des rameaux semi-aoûtés dans un sol sablonneux.

Utilisations

La clématite des haies se plante autour d'une pergola, le long d'un grillage ou au pied d'un arbre mort qu'elle recouvrira très rapidement. Étant plutôt gourmande et très vigoureuse, éviter le voisinage avec des plantes fragiles.

Gastronomie

On n'utilise que les jeunes pousses tendres de cette clématite. Traditionnellement consommées en Italie, elles se dégustent cuites à l'eau, un peu à la manière des asperges. On peut les préparer en omelette, avec des pâtes ou des légumes, en accompagnement de viande ou de poisson. Leur saveur est douce et agréable, avec parfois une légère amertume.

Précautions

La sève de la plante adulte contient des substances irritantes pour la peau. Attention à ne pas la confondre avec la clématite brûlante (*Clematis flammula*) qui, elle, a des feuilles bipennées à 3 à 7 petites folioles vertes et des fleurs blanches à l'odeur suave : elle n'est pas comestible.

Pousses de clématite.

L'églantier

Rosa canina

Églantine, rosier sauvage, gratte-cul

Très décoratif avec ses jolies fleurs au printemps et ses baies écarlates à l'automne, l'églantier est facile à vivre et idéal à installer dans une haie libre où il attirera de nombreux oiseaux.

Présentation

Ancêtre de nos rosiers cultivés, l'églantier est un arbrisseau épineux sauvage de la famille des Rosacées. Il existe plus d'une vingtaine d'espèces en France, pas toujours aisées à différencier, comme *Rosa dumalis* aux fleurs plus foncées que *R. canina*, *R. pouzinii* aux folioles dentées irrégulièrement ou encore *R. montana* aux fruits couverts de cils. L'églantier se caractérise par ses longues tiges souples armées d'aiguillons et pouvant atteindre 3 m de haut. Ses feuilles vertes et alternes sont composées de 5 à 7 folioles ovales et dentées, glabres ou velues suivant les espèces. Il fleurit entre mai et juillet en grandes fleurs à 5 pétales blancs, rosés ou rose foncé, légèrement parfumées. À l'automne, il produit des fruits appelés cynorrhodons en forme d'urne rouge charnue contenant une pulpe comestible et des akènes durs. Il existe des variétés horticoles sans aiguillons comme *R. canina* 'Inermis'.

Culture

L'églantier est très rustique (jusqu'à – 20 °C) et s'adapte à tout sol, au soleil ou à la mi-ombre, même s'il apprécie aussi une terre riche en humus. Il ne demande pas d'entretien particulier si ce n'est d'enlever le bois mort s'il y a lieu. Il se bouture en été ou en hiver et se marcotte à l'automne.

Utilisations

Associé à d'autres arbustes ou planté en monoculture, il sera parfait à installer pour composer une haie défensive. Prévoir un espace d'environ 1,50 m entre chaque plant. Ses fleurs attireront les pollinisateurs et les oiseaux y trouveront le gîte et le couvert.

Gastronomie (cf. recettes p. 306 et 327)

Quelle que soit l'espèce d'églantier, fleurs et fruits s'utiliseront pareillement ; les pétales décorent salades et crudités ou aromatisent les boissons. On récolte les cynorrhodons après les gelées (ou on les utilise après un passage au congélateur) pour confectionner confitures, gelées, purées et sirops ou encore des préparations ressemblant à de la sauce tomate. La difficulté réside dans l'extraction de la pulpe et l'élimination des poils et des akènes. Les toutes jeunes feuilles peuvent se rajouter en salade avec modération du fait de leur astringence.

Note

Les rosiers n'ont pas d'épines mais des aiguillons que l'on peut ôter des tiges sans dommage pour la plante. Certaines espèces sauvages sont protégées dans la nature, comme le rosier de France (*R. gallica*), aux superbes fleurs rose foncé, ou l'églantier tomenteux (*R. tomentosa*), aux folioles velues.

Les érables

Érable champêtre (*Acer campestris*), érable de Montpellier (*A. monspessulanum*), érable plane (*A. platanoides*), érable à feuilles d'obier (*A. opalus*) et érable du Japon (*A. palmatum*)

Extrêmement décoratifs à l'automne, parfois tout au long de l'année, les érables peuvent former de superbes haies, changeantes au fil des saisons. Côté cuisine, il n'y a pas que le sirop d'érable…

Présentation

L'érable est un arbre caduc ou semi-persistant de la famille des Sapindacées. Il existe 5 espèces sauvages en France, plusieurs également en Amérique et en Asie, ainsi que de nombreuses variétés horticoles. Certains peuvent atteindre 30 m de haut alors que d'autres ne dépasseront pas 1,50 m. Les érables se reconnaissent à leurs feuilles palmées et à leurs fruits ailés caractéristiques allant par deux, les samares, contenant chacune une graine. Chez certaines espèces comme l'érable du Japon, le feuillage prend différentes teintes à chaque saison. La taille plus modeste de ce dernier convient mieux aux petits jardins.

Culture

Suivant les espèces, la culture des érables sera différente ; l'érable du Japon se cultive en pot ou au jardin dans une terre acide en situation ombragée et protégé des grands froids (jusqu'à – 10 °C). Les autres érables, plus rustiques, seront plantés de préférence en pleine terre dans un sol neutre ou parfois calcaire à la mi-ombre ou au soleil (les couleurs automnales seront alors plus intenses). Tous apprécient un sol drainé, riche et restant frais l'été. La taille s'effectue à l'automne.

Utilisations

Planté en isolé ou en haie libre, l'érable fait toujours merveille au jardin en toute saison. On pourra l'associer à d'autres espèces comme le lilas, l'arbre aux faisans, l'amélanchier ou encore l'arbre de Judée, qui apporteront à la haie leur floraison printanière.

Gastronomie

La sève des érables est sucrée, mais il ne fait pas assez froid chez nous pour qu'elle soit intéressante. En revanche, on peut consommer les toutes jeunes feuilles, cuites ou en salade. En Asie, les feuilles d'*Acer palmatum* sont frites en tempura. Les graines contenues dans les samares sont comestibles : on les fait bouillir au préalable avant de les rôtir ou de les griller. Les samares (sans la queue) se grignotent aussi lorsqu'elles sont très tendres.

Précautions

Les graines pouvant être amères, les faire bouillir avant consommation, surtout celles de l'érable sycomore (*Acer pseudoplatanus*), qui sont toxiques crues.

En haut à gauche : érable du Japon au printemps. En haut à droite : érable du Japon en automne.
En bas à gauche : érable à feuilles d'obier en automne. En bas à droite : érable champêtre à l'automne.

La glycine de Chine

Wisteria sinensis

La vigoureuse glycine est parfaite pour habiller une tonnelle, mais elle est aussi idéale en haie. Son charme romantique, sa luxuriance et le parfum enivrant de ses grappes améthyste la rendent incontournable au jardin !

Présentation

De la famille des Fabacées, la glycine est un arbuste grimpant, originaire de Chine et du Japon, qui compte une dizaine d'espèces. Ses feuilles se composent de folioles ovales et pointues caduques, de couleur vert clair quand elles sont jeunes, plus sombres durant l'été avant de jaunir à l'automne. Au printemps, sa floraison odorante est constituée de grappes de fleurs papilionacées violettes, parfois roses ou blanches. La glycine de Chine est souvent remontante et refleurit en été. Les fleurs donnent ensuite de grandes gousses vertes.

Culture

La glycine est une vivace rustique (jusqu'à – 15 °C) qui se plante dans un sol drainant et frais, sans calcaire et bien ensoleillé. Éviter un sol trop riche qui sera favorable aux feuilles au détriment des fleurs. Avec sa croissance rapide, elle est une partenaire idéale pour recouvrir une pergola, un arbre mort ou pour former une belle haie, car elle est capable de couvrir de grandes surfaces (jusqu'à 30 m pour de très vieux sujets !). On peut également la conduire en arbre. L'extrême vigueur de la glycine est à surveiller, car elle peut déformer ou casser son support. Elle se taille en fin de floraison ou pendant l'hiver.

Associations

La floraison améthyste fait merveille dans une haie mixte avec le jaune d'un rosier liane comme *Rosa banksiae* 'Lutea', d'un grimpant comme 'Graham Thomas' ou encore avec les fleurs du mahonia ou celles orangées d'un tagète de Lemmon. Une alliance avec le feuillage vert tendre de l'actinidia, de la clématite des haies ou d'une vigne sera aussi du plus bel effet.

Gastronomie (cf. recette p. 311)

Ce sont les fleurs, épanouies ou en bouton, que l'on utilisera en cuisine (en ayant pris soin d'enlever leur tige, qui n'est pas comestible). On pourra les consommer en salade, avec des crudités ou dans des desserts où leur parfum et leur couleur ravira rétines et papilles ! On peut les cuire, comme cela se fait traditionnellement en Chine, où elles sont préparées à la vapeur pour être servies comme un légume, accompagnées de sauce. Excellentes avec les viandes, les poissons ou des légumes, elles font aussi de délicieux desserts en beignets, tempura, gâteau ou biscuits…

Précautions

Attention ! Seules les fleurs et les boutons floraux de la glycine se consomment, les autres parties de la plante sont toxiques. Il existe une autre espèce, la glycine tubéreuse (*Apios americana*), aux graines et aux tubercules comestibles.

Le grenadier

Punica granatum
Pommier de Carthage

Magnifique arbuste à la floraison flamboyante, le grenadier peut être conduit en haie ou en sujet isolé. Il nous régalera des grains juteux et sucrés contenus dans son fruit...

Présentation

Cultivé depuis l'Antiquité, le grenadier est un petit arbre caduc de la famille des Lythracées. De port compact pour une taille maximale de 5 m de haut, le grenadier a une jolie écorce argentée qui se desquame en vieillissant. Ses feuilles oblongues et opposées arrivent tardivement : plutôt rougeâtres lorsqu'elles sont jeunes, elles deviennent vertes, un peu coriaces et brillantes sur le dessus, prenant à l'automne de très jolies couleurs. Ses fleurs se produisent de mai à août selon les variétés et le climat : composées de 5 à 7 pétales chiffonnés d'un beau rouge vermillon, elles émergent d'un calice d'aspect cireux. Elles produisent ensuite de gros fruits globuleux que l'on récolte de septembre à novembre.

Culture

Peu exigeant sur la nature du sol, le grenadier est d'une culture facile. Rustique (jusqu'à – 12 °C) malgré son origine méditerranéenne, il nécessite par contre des étés longs pour que ses fruits arrivent à maturité. On le plantera dans un sol profond et bien drainé en situation ensoleillée. Une bonne fructification demande un arrosage par temps sec ; elle se produit à partir de la troisième année de plantation, sur le bois de 2 ou 3 ans (attention lors de la taille qui s'effectue au printemps). On peut fertiliser le sol au printemps ou en automne par un apport de compost ou de fumier.

Utilisations

Par son port et sa taille, le grenadier est idéal pour former de belles haies colorées. On pourra l'associer par contraste à l'arroche maritime, au feuillage persistant, tout comme au myrte ou à l'arbousier. Ou encore avec d'autres arbustes caducs, comme le seringat et le deutzia, l'arbre de Judée ou le sureau noir.

Gastronomie

Ce sont les arilles rouges ou rosés – improprement appelés graines – contenus dans la grenade que l'on consomme. Le fruit doit être cueilli à maturité complète, car il ne mûrit que sur l'arbre. Les arilles sont juteux, sucrés et croquants, riches en vitamines. On les croque tels quels ou rajoutés dans une salade de fruits ou des pâtisseries, dans diverses crudités et même servis avec des fruits de mer, du poisson ou de la viande ! Bien entendu, on peut en faire de succulents jus désaltérants.

Note

Il existe des variétés stériles de grenadier, cultivées uniquement pour la beauté de leurs fleurs ; elles ne produisent donc aucun fruit.

En haut : grenadier en fleur. En bas : grenades en formation.

Le laurier noble

Laurus nobilis
Laurier-sauce

Dédié à Apollon pendant l'Antiquité, le laurier est un bel arbuste au feuillage aromatique et persistant très intéressant à implanter dans une haie. Indispensable au jardin comme dans nos plats !

Présentation

Originaire du pourtour méditerranéen, le laurier est un arbuste à cime allongée de la famille des Lauracées pouvant dépasser les 10 m de haut. Son écorce est lisse et grise et ses rameaux dressés portent des feuilles odorantes coriaces, d'un vert sombre sur la face supérieure et clair en dessous ; elles sont plus ou moins ondulées, lancéolées et alternes. Plante dioïque, le laurier a donc des pieds mâles et des pieds femelles, portant en mars-avril de petites fleurs crème à jaunâtres regroupées par 4 à 6 à l'aisselle des feuilles. Seules les fleurs femelles produiront de petites baies ovoïdes d'un noir violacé.

Culture

Rustique à – 15 °C, le laurier peut se cultiver en bac comme en pleine terre, dans un sol drainé, relativement fertile, au soleil ou à la mi-ombre. Il ne craint pas la sécheresse, mais il aura peut-être besoin d'arrosage l'été durant ses premières années. Apporter un peu de compost au printemps et le protéger l'hiver en cas de grand froid. Il supporte très bien la taille, même si elle n'est pas obligatoire.

Utilisations

Idéal pour constituer une haie persistante, avec (ou pas) d'autres arbustes comme le myrte ou l'arbousier, le laurier peut se conduire aussi en isolé ou être taillé en topiaire. Les haies constituées de lauriers sont denses et compactes si elles sont taillées régulièrement.

Gastronomie

Indissociables du bouquet garni, les feuilles du laurier sont un condiment très apprécié pour l'odeur balsamique qu'elles dégagent lorsqu'on les froisse ou les coupe. Elles aromatisent toutes sortes de plats, notamment les gratins de pommes de terre, mais ne se consomment pas. Fraîches, leur parfum est alors plus intense. Séchées, on peut les réduire en poudre pour aromatiser le sel (avec ou sans autres herbes).

Précautions

Le laurier noble est le seul laurier comestible ; attention à ne pas consommer ses homonymes, le laurier-rose (*Nerium oleander*) et le laurier-cerise (*Prunus laurocerasus*), deux arbustes ornementaux très toxiques !

Le mahonia

Mahonia aquifolium
Mahonia à feuilles de houx, faux houx

Superbe arbuste aux feuilles vernissées et à la magnifique floraison hivernale jaune, le mahonia est décoratif en toute saison et pourra composer une très belle haie.

Présentation

Originaire d'Amérique du Nord, le mahonia est un arbuste persistant de la famille des Berbéridacées. Pouvant atteindre 1,50 à 3 m de hauteur suivant les différentes variétés, il a un port buissonnant et présente de grandes feuilles vert sombre et vernissées, composées de 5 à 9 folioles ovales et découpées, coriaces et bordées de dents épineuses. Jeunes, elles peuvent être rougeâtres ou de couleur bronze. La floraison intervient entre novembre et avril, variable selon les cultivars. Elle se compose de grappes terminales de fleurs mellifères jaunes agréablement parfumées. Elles seront suivies par de petites baies décoratives d'un bleu-noir pruiné. Il existe des hybrides aux feuilles dépourvues d'épines.

Culture

Rustique (jusqu'à – 20 °C), le mahonia se plante en bac ou en pleine terre, dans un sol bien drainé et frais, au printemps ou à l'automne. Pour une meilleure floraison, on choisira une situation ensoleillée. Arroser durant les périodes de chaleur ensuite. Bien installé, il sera résistant à la sécheresse. Il se multiplie aisément grâce à ses multiples drageons ou par semis.

Utilisations

Supportant aisément la taille, le mahonia est parfait pour former une haie défensive avec ses feuilles piquantes ; on pourra alors le combiner à l'aubépine, l'églantier, les genévriers (commun ou cade), l'argousier ou le prunellier. On peut aussi jouer les contrastes avec une glycine, des arbres de Judée, ou bien les camaïeux avec un rosier de Banks jaune, un mimosa ou le buissonnant tagète de Lemmon. Ayant un important système racinaire, le mahonia est aussi intéressant pour retenir la terre des talus.

Gastronomie

Traditionnellement consommées par les Indiens d'Amérique, les baies se consomment plutôt cuites, car, crues, elles sont acides et peuvent occasionner de petits désagréments gastriques. On les utilisera en gelée et confiture, sauce, liqueur… Leur saveur est proche de celle du cassis. Les toutes jeunes feuilles sont tendres, un peu acidulées, on pourra les rajouter aux crudités.

Précautions

Éviter de consommer les graines contenues dans les baies, car elles sont légèrement toxiques.

Le myrte

Myrtus communis

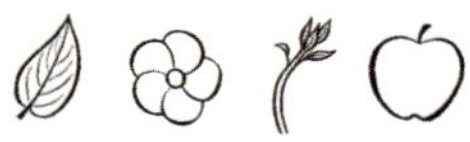

Bel arbrisseau aromatique consacré à Vénus dans l'Antiquité, le myrte est aussi bien apprécié pour ses qualités ornementales que comme plante culinaire et médicinale.

Présentation

Le myrte est un arbrisseau méditerranéen touffu et persistant de la famille des Myrtacées. Pouvant mesurer jusqu'à 3 m de haut, il possède des feuilles opposées, ovales et pointues au sommet, coriaces, d'un beau vert luisant. Lorsqu'on les froisse, il s'en dégage une odeur d'encens citronné. Suivant les variétés ou les sous-espèces, il fleurit de mai à septembre, en ravissantes fleurs blanches à 5 pétales et aux nombreuses étamines, agréablement parfumées. La variété 'Flore Pleno' a des fleurs doubles. Les petites baies globuleuses et charnues arrivent à maturité à la fin de l'automne et en hiver en devenant bleu-noir. Elles sont très appréciées des oiseaux.

Culture

Moyennement rustique (jusqu'à – 10 °C), le myrte se plante en bac ou au jardin dans une terre légère et bien drainée, un peu acide même s'il tolère le calcaire. Il préférera une situation bien ensoleillée et protégée des vents froids. Une fois installé, il est résistant à la sécheresse et ne nécessite pas de soins particuliers. On peut le semer ou le bouturer.

Utilisations

Le myrte sera décoratif aussi bien planté en isolé qu'incorporé dans un massif ou une haie. En haie libre, on pourra lui associer d'autres persistants comme le mahonia, l'arbousier, l'arroche maritime ou le laurier. Mais il fera aussi bon ménage avec des caducs comme le grenadier, le seringat ou le lilas. Il supporte bien la taille, mais sa floraison en sera diminuée.

Gastronomie (cf. recettes p. 271 et 325)

Chez le myrte, on utilise les feuilles (fraîches ou séchées) pour aromatiser viandes et poissons, ou encore en infusion. Les très jeunes pousses servent, à petite dose, de condiment dans les salades. Les boutons floraux séchés s'emploient comme épice (comme des clous de girofle), ainsi que les baies séchées et moulues, qui peuvent remplacer le poivre. Les baies fraîches sont un peu trop astringentes pour être croquées mais on en fait de la gelée, du vin apéritif parfumé et de la myrte, une liqueur à la belle couleur rouge, bien connue en Corse.

Astuce

Si l'on veut réaliser de la confiture de myrte, il faudra passer les baies cuites au moulin à légumes pour ôter graines et peaux, qui la rendraient un peu trop astringente. Le sucre se rajoute après coup.

Le prunellier

Prunus spinosa
Prunier épineux, épine noire

Arbrisseau sauvage et épineux, le prunellier est très décoratif avec sa remarquable floraison printanière et ses jolies baies bleues, à l'automne, que l'on pourra cuisiner dès les premières gelées.

Présentation

Le prunellier est un arbrisseau sauvage caduc de la famille des Rosacées au port touffu et dense. Pouvant atteindre 2 m à l'état sauvage et le double pour ses variétés horticoles, il forme naturellement des buissons infranchissables constitués de rameaux épineux. Ses petites feuilles vertes ovales et dentelées sont assez clairsemées et arrivent après sa ravissante floraison. Elle se compose en mars-avril d'une multitude de petites fleurs blanches à 5 pétales entourant de nombreuses étamines. Viennent ensuite les fruits, des drupes sphériques d'un bleu noirâtre et pruiné, appelés prunelles. Il existe des variétés horticoles : 'Purpurea', aux feuilles pourpres et à fleurs rosées, ou 'Plena', à fleurs blanches et doubles.

Culture

Le prunellier est très rustique (jusqu'à – 30 °C) ; il se cultive généralement en pleine terre, mais aussi en bac et même en bonsaï du fait de sa croissance lente. On lui donnera une terre profonde et calcaire, en plein soleil. Suivant la richesse du sol, il aura un développement plus ou moins important. Une fois installé, il ne nécessite pas d'entretien, se taille sans souci et résiste bien à la sécheresse. Par contre, il drageonne facilement ; penser à le limiter pour ne pas être envahi.

Utilisations

Idéal pour former une haie décorative et défensive, le prunellier pourra être associé à l'aubépine et à l'églantier, ou encore aux genévriers et à l'argousier. Sa floraison précoce sera utile aux insectes tandis que ses touffes fructifères offriront le gîte et le couvert aux oiseaux du jardin. À l'automne, son feuillage prend de jolies couleurs jaune orangé, mettant en valeur le bleu des prunelles.

Gastronomie

Ce sont les prunelles – aussi appelées plosses – que l'on déguste, après les gelées ou un passage au congélateur pour les adoucir un peu, car elles sont très âpres ! Mieux vaut les cuire pour réaliser des gelées ou confitures, des sirops, des tartes… Une autre possibilité est de les préparer en saumure comme des olives. On peut également les utiliser en liqueur, tout comme les jeunes feuilles, composantes incontournables du vin d'épine noire (le vin d'épine blanche se fait avec l'aubépine). Les fleurs aromatisent tisanes et crudités.

Précautions

Les petits noyaux des prunelles ne se consomment pas, car ils sont potentiellement toxiques. Ôter le pédoncule des fruits avant toute préparation.

Le robinier faux-acacia

Robinia pseudoacacia
Acacia, faux-acacia, carouge du Canada

Splendide arbre à la floraison parfumée et mellifère, le robinier est très décoratif malgré son caractère invasif. On se régalera de ses grappes de fleurs en cuisine...

Présentation

Le robinier est un arbre caduc et épineux originaire d'Amérique, naturalisé en France depuis plusieurs siècles. Pouvant atteindre 30 m de haut, il pousse en colonies, d'où son caractère invasif. Son écorce est profondément sillonnée et ses rameaux armés de solides épines, placées par 2 à la base de chaque feuille. Celles-ci sont alternes et composées de folioles ovales et souples vert tendre au printemps, jaunes à l'automne. En mai-juin, des grappes de fleurs blanches, papilionacées et pendantes, attirent les insectes par leur suave odeur. Elles seront remplacées par des gousses aplaties renfermant les graines. Cette espèce drageonnant beaucoup, préférez certains cultivars, comme 'Twisty Baby', qui n'ont pas cet inconvénient.

Culture

Le robinier ayant un fort développement, on le réservera au jardin. Peu exigeant et rustique, il préférera un sol bien drainé et ensoleillé. Il se plante à l'automne et aura besoin d'arrosage par temps sec la première année avant d'être résistant à la sécheresse. La taille s'effectue en fin d'été ou à l'automne. Comme pour toutes les Fabacées, ses racines enrichissent la terre en azote.

Utilisations

On utilisera le robinier en haie défensive, en monoculture ou associé à d'autres épineux comme l'aubépine, l'argousier, l'églantier ou le prunellier. On peut aussi l'intégrer dans un massif avec d'autres arbustes ou des plantes fleuries, ou encore pour stabiliser des talus.

Gastronomie (cf. recettes p. 310 et 326)

Ce sont les fleurs et les boutons floraux si parfumés que l'on utilisera en cuisine. En petite quantité, les fleurs crues seront intégrées dans les salades et autres crudités ou pour décorer des desserts. Cuites en beignets, en tarte, dans les sauces ou les pâtes à crêpes, elles exhalent leur parfum miellé aux notes de fleur d'oranger. Les boutons floraux ont en plus une saveur de petits pois dont on peut se servir en les cuisinant comme légume ou en accompagnement.

Précautions

Les autres parties du robinier sont considérées comme toxiques, même si certains consomment les très jeunes gousses cuites à l'eau. Attention à ne pas le confondre avec le cytise (*Laburnum anagyroides*) aux grappes de fleurs jaunes très toxiques.

Le seringat

***Philadelphus* spp.**
Jasmin des poètes

Si le seringat est bien connu au jardin d'agrément pour sa somptueuse floraison parfumée, il l'est bien moins en cuisine… À découvrir !

Présentation

Le seringat est un bel arbuste caduc de la famille des Hydrangéacées, très apprécié pour le parfum de sa floraison. Suivant les espèces, il mesure entre 1,50 et 6 m de hauteur, certaines étant buissonnantes, d'autres au port plus érigé. Son feuillage est plutôt dense, composé de feuilles entières, ovales et effilées de couleur verte, parfois dorée comme chez *Philadelphus coronarius* 'Aureus'. Il fleurit de mai à juillet en fleurs simples à 5 pétales ou doubles, toujours blanches et délicieusement parfumées. À savoir que les hybrides doubles sont moins odorants et que *P. inodorus* ne l'est pas du tout.

Culture

Le seringat se plante plutôt au jardin, mais certaines petites variétés peuvent aussi être cultivées en bac. Très rustique et peu exigeant, il s'adapte à tout sol bien drainé, au soleil ou à la mi-ombre. On l'arrosera surtout la première année de plantation, mais sans excès car il n'apprécie pas l'humidité stagnante. La taille s'effectue généralement en août après la floraison. Il se bouture facilement en hiver, pendant le repos végétatif.

Utilisations

Le seringat peut s'incorporer dans un fond de massif fleuri ou être conduit en haie, seul ou en compagnie d'autres arbustes, comme l'arbousier, le mahonia et le myrte, dont les feuillages persistants mettront en valeur sa floraison. Pour une scène romantique, associez-le à une glycine, des pivoines, du lilas, des rosiers anciens ou des rosiers lianes comme *Rosa banksiae*.

Gastronomie

Ce sont les fleurs si odorantes du seringat que l'on utilise en cuisine. Elles pourront décorer, seules ou avec d'autres fleurs, salades et rouleaux de printemps ; leur saveur douce-amère est agréable au palais. Elles prennent toute leur dimension dans les desserts, là aussi en ornant les plats, et pour aromatiser crèmes, biscuits, gâteaux, glaces, gelées et confitures, ou encore en infusion dans le lait ou les tisanes, en sirop et en limonade.

Note

Attention à ne pas confondre seringat et *Syringa* qui est le nom botanique de genre du lilas ! Cette confusion ne prête pas à conséquence, car les fleurs de lilas, malgré une légère astringence, s'utilisent infusées pour parfumer divers desserts…

Le sureau noir

Sambucus nigra
Arbre de Judas

Le sureau noir ravit nos yeux et nos papilles avec ses ombelles printanières blanches et parfumées et ses grappes de fruits en fin d'été.

Présentation

Arbrisseau ou arbuste caduc familier, le sureau noir fait partie de la famille des Adoxacées et peut atteindre 6 m de haut. Ses branches renferment une épaisse moelle blanche qu'il est facile d'évider pour fabriquer des « bouffadous » (soufflet à bouche pour attiser le feu). Ses grandes feuilles vertes opposées se composent de 5 à 7 folioles ovales, dentées, à l'extrémité pointue et proéminente et à odeur forte quand on les froisse. Les fleurs apparaissent après les feuilles entre avril et juillet : groupées en larges corymbes dirigés vers le haut, elles ont 5 pétales soudés blanc crème aux anthères jaunâtres et dégagent un agréable parfum. À la fin de l'été, des grappes pendantes de fruits les remplacent : d'abord rouges, ils deviennent noirs à maturité. Il existe des cultivars à feuillage pourpre ou doré et à floraison rose.

Culture

Facile à vivre, le sureau se cultive en pleine terre dans un sol riche et frais. Rustique jusqu'à – 15 °C, il se plaira en situation ensoleillée ou à la mi-ombre. Robuste, il ne nécessite pas d'entretien. Dans une haie, on le taille en février-mars, avant la reprise de la végétation. Il se bouture facilement à l'automne ou se divise en fin d'hiver.

Utilisations

Le sureau peut se planter en isolé ou s'installer dans une haie où il pourra côtoyer le lilas, le laurier, le seringat ou le grenadier.

Gastronomie (cf. recettes p. 310 et 326)

Les fleurs de sureau (sans les parties vertes) sont délicieuses en dessert, notamment en beignets, dans les crêpes, crèmes et gâteaux. On réalise avec elles une délicieuse limonade qui s'alcoolise avec le temps (le « Champagne des Fées » !). Elles aromatisent aussi diverses boissons. Les baies se consomment cuites en confiture, en gelée ou en sirop, souvent mélangées à d'autres fruits car elles sont un peu fades.

Précautions

À ne pas confondre avec le sureau yèble (*Sambucus ebulus*) qui porte des fruits noirs toxiques. Son port est cependant très différent puisque c'est une herbacée ne dépassant pas 1,50 m. En outre, ses feuilles sont à folioles lancéolées, les anthères de ses fleurs sont rouges et les fruits en corymbe sont dirigés vers le haut.

Les tilleuls

Tilleul à petites feuilles (*Tilia cordata*), tilleul à grandes feuilles (*T. platyphyllos*) et tilleul commun (*T.* × *europaea*)

Familier en ville comme à la campagne, le tilleul est un arbre majestueux qui a besoin d'espace mais qui peut s'utiliser en haie. Connu pour ses vertus médicinales, il est aussi polyvalent en cuisine !

Présentation

Le tilleul est un grand arbre caduc de la famille des Malvacées, comme la lavatère ou la mauve ! Il existe plusieurs espèces aux tailles et feuillages différents. Certaines peuvent atteindre 30 m de haut. Les feuilles sont généralement en forme de cœur renversé, finement dentées, vert tendre au printemps et jaunes à l'automne. Pour certaines variétés, elles sont tomenteuses, argentées ou encore panachées. La floraison se produit de juin à juillet en fleurs blanc jaunâtre à nombreuses étamines très odorantes, accolées à une large bractée membraneuse. De petits fruits globuleux contenant une graine leur succèdent par la suite.

Culture

Les tilleuls ont besoin d'espace et ne se plantent qu'en pleine terre ; on leur offrira un sol non calcaire, riche et frais, parfois humide pour certaines espèces (*Tilia cordata*), au soleil ou à la mi-ombre. Détestant la sécheresse, il convient de les arroser l'été pendant leurs premières années. La taille se fait en juillet-août ou durant l'hiver.

Utilisations

Le tilleul peut former de grandes haies, notamment *T. cordata*, mais il faudra penser à espacer suffisamment les individus.

Gastronomie

Outre les tisanes que tout le monde connaît, les fleurs de tilleul (sans les bractées) se rajoutent aux salades de fruits et aux desserts, ou aromatisent boissons, sauces et crèmes. Les très jeunes feuilles, légèrement translucides, serviront de base aux salades ou seront utilisées en pesto : douces et tendres, elles sont très agréables au goût. Plus matures, on les fait sécher avant de les pulvériser (après avoir ôté la nervure centrale) : la poudre verte obtenue, mélangée à la farine, permet la réalisation de pains, pâtisseries et galettes délicieuses. Enfin, la graine se croque crue ou légèrement grillée.

Note

Les différentes espèces de tilleul s'utilisent de la même manière. Les meilleures jeunes feuilles pour la salade sont celles du tilleul à petites feuilles (*T. cordata*) et du tilleul commun (*T.* × *europaea*), car elles sont glabres.

La vigne

Vitis vinifera var. *sativa*

Cultivée pour le vin ou pour ses fruits, la vigne est aussi intéressante au jardin d'agrément pour recouvrir tonnelles et pergolas ou en haies conduites sur un treillage.

Présentation

Liane sarmenteuse caduque, la vigne fait partie de la famille des Vitacées. Cultivée et améliorée depuis des millénaires, il en existe de multiples variétés, que ce soit pour le raisin de table ou le vin. Ses tiges sarmenteuses possèdent des vrilles qui peuvent s'accrocher à tout support, lui permettant de grimper ou de s'étaler jusqu'à 10 m. Opposées aux vrilles, les feuilles sont grandes, lobées, cordiformes à la base et dentées sur les bords. Vert tendre lorsqu'elles sont jeunes, elles peuvent prendre de très jolies teintes à l'automne. La floraison, suivant les variétés, s'étale de mars à mai, parfois au-delà : elle se compose de minuscules fleurs jaunâtres réunies en grappes. La récolte du raisin se déroule d'août à octobre-novembre.

Culture

La vigne peut se cultiver en bac, mais on la plante généralement en pleine terre en situation chaude, bien ensoleillée. On l'installera de novembre au printemps dans un sol sec, drainant et calcaire. Rustique à l'âge adulte (jusqu'à – 20 °C), le jeune plant est sensible au froid ainsi qu'à la sécheresse, les premières années. La taille s'effectue à 2 yeux en hiver, hors gel, puis en été pour favoriser la croissance des grappes. Prévoir tuteurs ou palissage à la plantation.

Utilisations

La vigne est décorative à toute saison, même en hiver avec le graphisme de son cep noueux. On la conduit pour orner les tonnelles et offrir une ombre bienfaitrice en été, mais aussi pour en faire une haie en la laissant courir sur un treillage ou une palissade. On pourra alors l'associer également à d'autres grimpantes pour un effet plus sauvage : actinidia, jasmin officinal, glycine ou clématite des haies.

Gastronomie

Le raisin est bien sûr la première raison pour laquelle on plante une vigne. Ce n'est pourtant pas le seul intérêt, car si on ne traite pas ses feuilles, celles-ci, lorsqu'elles sont jeunes, peuvent aussi faire partie de nos repas ! Elles se cuisinent alors comme n'importe quel légume vert, en gratin, en omelette, en pesto mais aussi en saumure. Elles servent également de papillotes pour envelopper les fromages. On peut les farcir et les cuire de différentes manières (les fameux dolmas ou salkias gréco-turcs).

Précautions

Attention à ne pas la confondre avec la vigne vierge (genre *Parthenocissus*), au feuillage très décoratif mais dont les fruits sont toxiques pour les humains. Prendre garde aussi à n'utiliser que des feuilles de vigne exemptes de tout traitement.

Les yuccas

***Yucca* spp.**

Frugaux et décoratifs, les yuccas sont des plantes majestueuses très intéressantes au jardin d'ornement, mais aussi en cuisine avec leurs délicieuses fleurs blanches !

Présentation

Grandes plantes vivaces originaires des déserts américains, les yuccas font partie de la famille des Agavacées. Il existe plusieurs espèces comestibles qui peuvent prendre la forme d'arbustes : le yucca superbe (*Yucca gloriosa*), de 1 à 3 m, le yucca à feuilles d'aloès (*Y. aloifolia*), de 2 à 3 m de haut, ou encore le yucca à pied d'éléphant (*Y. elephantipes*), pouvant atteindre 10 m de haut à l'état sauvage. D'autres, comme le yucca filamenteux (*Y. filamentosa*), n'ont pas de tige et forment un buisson de feuilles longues, étroites et piquantes de 80 cm de haut. Leurs feuilles sont longues, raides, parfois très pointues et acérées : généralement vertes, mais aussi bleutées ou panachées pour certaines variétés. Selon les espèces et le climat, la floraison va de mai aux gelées. Elle se compose d'une spectaculaire hampe de 60 cm à 2 m de haut à fleurs blanc crème campaniformes.

Culture

Plus ou moins rustique suivant les espèces (de – 5 à – 25 °C), le yucca se plante en bac ou au jardin en situation chaude et ensoleillée. On lui offrira une terre drainante, sèche et calcaire. Dans les régions froides et humides, privilégier la culture en pot, car il ne supporte pas d'avoir les pieds mouillés. Il est bien sûr très résistant à la sécheresse. Le yucca ne demande pas d'entretien spécial ; pour des raisons d'esthétisme, on supprimera juste les feuilles sèches et la hampe florale défleurie.

Utilisations

Bien réfléchir lorsque l'on plante un yucca car une fois installé, il sera difficile de le déloger. Penser à la taille qu'il prendra une fois adulte et aux lieux de passage qu'il gênera aves ses feuilles piquantes. On peut le cultiver aussi bien en isolé qu'en groupe de différentes variétés en massif ou en rocaille sèche composés de lavandes, romarins, myrtes, fenouils sauvages, hélichryses, sauges, nepetas…

Gastronomie (cf. recette p. 293)

Ce sont les splendides fleurs du yucca que l'on va retrouver dans nos assiettes ! On peut préparer les hampes florales à la façon d'asperges… gigantesques, mais on se priverait alors du plaisir de déguster fleurs et boutons qui éclosent au fur et à mesure, échelonnant les cueillettes. Les pétales sont un pur délice en salade avec un côté doux et légèrement croquant. On peut également cuire boutons et fleurs (sans le pistil) et les cuisiner comme des endives, dont ils ont la texture. À noter que les pétales de certaines variétés ont une légère amertume, qui se dissipe à la cuisson.

Précautions

Chez nous, seul *Y. aloifolia* peut produire des fruits qui sont comestibles (sans les noyaux), mûrs et séchés. La racine des yuccas contient des substances toxiques.

Amélanchier

Faux poivrier

Figuier

Genévrier commun

Autres plantes de haie, arbres, arbustes comestibles

Outre les plantes de cette catégorie présentées dans cet ouvrage, bien d'autres se prêteront à la confection de plats cuisinés et à l'esthétisme du jardin ! En voici une petite liste complémentaire (culture ; intérêt décoratif ; utilisation culinaire) :

AMÉLANCHIER *Amelanchier ovalis*
pleine terre feuillage et floraison fruits

ARBRE AUX FAISANS *Leycesteria formosa*
pot ou pleine terre feuillage et floraison fruits

ARGOUSIER *Hippophae rhamnoides*
pleine terre feuillage, haie défensive fruits

BAMBOUS *Phyllostachys* spp., *Bambusa* spp., *Fargesia* spp…
pleine terre feuillage et cannes jeunes pousses

CÂPRIER *Capparis spinosa*
pot ou pleine terre feuillage et floraison fleurs, boutons floraux, fruits

CAROUBIER *Ceratonia siliqua*
pleine terre feuillage gousses

ÉPICÉAS *Picea* spp.
pleine terre feuillage jeunes aiguilles

FAUX POIVRIER *Schinus terebinthifolius*
pleine terre feuillage baies

FIGUIER *Ficus carica*
pleine terre feuillage et tronc fruits

GENÉVRIER CADE *Juniperus oxycedrus*
GENÉVRIER COMMUN *J. communis*
pleine terre feuillage, haie défensive baies

Goji

Micocoulier

Mimosa

Néflier du Japon

GOJI *Lycium barbarum*
pot ou pleine terre feuillage et floraison fruits

JASMIN OFFICINAL *Jasminum officinale*
pot ou pleine terre feuillage grimpant et floraison odorante fleurs

JUJUBIER *Ziziphus jujuba*
pleine terre feuillage fruits)

LILAS *Syringa vulgaris*
pleine terre feuillage et floraison odorante fleurs

MAGNOLIA À GRANDES FLEURS *Magnolia grandiflora*
MAGNOLIA ÉTOILÉ *M. stellata*
pleine terre feuillage et floraison feuilles, fleurs

MÉLÈZE *Larix decidua*
pleine terre feuillage jeunes aiguilles

MICOCOULIER *Celtis australis*
pleine terre feuillage jeunes feuilles, fruits, graines

MIMOSA *Acacia dealbata*
pot ou pleine terre feuillage et floraison odorante fleurs

NÉFLIER DU JAPON *Eriobotrya japonica*
pleine terre feuillage et floraison odorante fruits

NOISETIER *Corylus avellana*
pleine terre feuillage fruits, chatons

SAPIN DE DOUGLAS *Pseudotsuga menziesii*
pleine terre feuillage jeunes aiguilles

TULBAGHIA

Chapitre II
Les plantes ornementales

Chose peu connue, beaucoup de nos fleurs et plantes ornementales sont comestibles et peuvent ainsi ravir notre regard tout en émoustillant nos papilles ! Si elles sont pour la plupart d'origine exotique, les explorateurs qui les ont ramenées du monde entier ont souvent omis de rapporter les traditions culinaires des peuples autochtones et l'utilisation qu'ils en faisaient, ne gardant que leur aspect esthétique. Ainsi, par exemple, on a longtemps oublié que le dahlia était tout d'abord une plante alimentaire chez les Aztèques, tout comme le pélargonium en Afrique du Sud !

Il est donc tout à fait réalisable de créer avec elles un merveilleux jardin composé uniquement de plantes décoratives et nourricières. Certes, il faudra pour cela se passer de nombreuses espèces plus ou moins toxiques (laurier-rose, datura ou muguet par exemple) que nous avons l'habitude de cultiver, mais le défi se relève aisément et la beauté sera au rendez-vous ! Par expérience personnelle, la culture des plantes ornementales, qui comporte un grand nombre de vivaces, est évidemment gratifiante et plus aisée à réussir qu'un potager, qui demande davantage d'entretien en désherbage, arrosage, fertilisation et plantation puisque la plupart sont des espèces annuelles. En toute saison, le jardin restera beau et les cueillettes, ajoutées à celles des légumes et des adventices, nombreuses et variées : pétales de tulipes au printemps, hémérocalles en été, coquerets du Pérou à l'automne, pensées en hiver... Que de délicieux repas originaux et diversifiés en perspective !

Qu'elles soient plantes à massif ou à isoler, plantes couvre-sol ou de rocaille, vivaces, annuelles ou bulbeuses, retrouvez ces séduisantes ensorceleuses dans les pages qui suivent pour embellir vos terrasses ou votre jardin avant de les déguster dans vos assiettes...

L'achillée millefeuille

Achillea millefolium

Herbe aux charpentiers, herbe aux militaires

Qu'elle soit cultivée ou sauvage, l'achillée millefeuille est une jolie plante comestible et médicinale, de culture facile, décorative avec son fin feuillage découpé et ses corymbes colorés.

Présentation

L'achillée est une Astéracée vivace à tiges pubescentes poussant en rosette de feuilles profondément découpées, dégageant une légère odeur de camphre. Les très jeunes feuilles se reconnaissent à leur aspect plumeux, tendre et souple. La floraison se compose de petits capitules réunis en corymbe qui attirent nombre de pollinisateurs. Les espèces sauvages vont du blanc pur au rose, tandis que les variétés horticoles ajoutent le jaune, l'orange, le rouge et le violet à leur palette. Elle fleurit entre mai et octobre.

Culture

Rustique, l'achillée se plaît au soleil dans un sol sec et drainant, même pauvre. Résistante à la sécheresse et à la chaleur, c'est une plante intéressante au potager, car son odeur âcre repousse certains insectes dits nuisibles tout en attirant coccinelles, abeilles, syrphes et papillons. En sol riche, l'achillée sera plus grande mais ses tiges seront plus fragiles. L'espèce type peut se révéler un peu envahissante ; c'est un bon couvre-sol au jardin. Ne vivant pas longtemps, l'achillée doit se diviser tous les 2 ou 3 ans au printemps.

Associations

Plante idéale pour une rocaille ou un jardin naturaliste, l'achillée s'invite volontiers dans les massifs en compagnie de lavandes, sauges, hysopes, agastaches, marjolaines, sarriettes ou cosmos. À ses pieds, des œillets mignardises ou des alyssons seront du plus bel effet.

Gastronomie (cf. recette p. 284)

On utilise les jeunes feuilles tendres de l'achillée pour agrémenter salades et crudités. Elles se cuisinent également en accompagnement d'autres légumes dans les soupes ou les jardinières, mais aussi dans les omelettes et les biscuits apéritifs ou avec du poisson. Les fleurs aromatiques relèvent de leur arome musqué salades diverses et boissons.

Précautions

N'utiliser que de jeunes feuilles. Plus vieilles, elles dégageront trop d'amertume. Une autre achillée, l'achillée sternutatoire (*Achillea ptarmica*) est également comestible ; elle a par contre besoin d'un sol plus frais, voire humide, et se plante à la mi-ombre.

En haut : le feuillage découpé de l'achillée millefeuille. En bas à gauche : variété horticole. En bas à droite : espèce sauvage.

L'alysson odorant

Lobularia maritima
Alysse maritime, corbeille d'argent, lobulaire

Originaire du pourtour méditerranéen pour sa version blanche sauvage, l'alysson odorant est une jolie plante tapissante idéale en rocaille avec ses jolies fleurs blanches, roses ou violettes au parfum miellé.

Présentation

De la famille des Brassicacées, l'alysson, qu'il soit sauvage ou de variété horticole, offre au jardinier son effet couvre-sol grâce à sa végétation ramifiée pouvant atteindre 20 cm de haut. Ses petites feuilles allongées vertes à reflet argenté poussent de façon alterne et peuvent être velues et plus épaisses en bord de mer. Sa floraison mellifère se produit presque toute l'année, hormis l'été en climat méditerranéen et l'hiver en climat froid ; elle se compose de grappes de petites fleurs au parfum évoquant le miel, dont la couleur va du blanc au violet en passant par différentes teintes de rose.

Culture

L'alysson est vivace en climat doux mais est généralement cultivé comme une annuelle. De culture facile et sans grand entretien, il affectionne les sols secs et bien drainés, de préférence ensoleillés. Aussi bien à l'aise en potée qu'en pleine terre, on peut le semer dès le mois de mars dans une terre légère, modérément fertile. S'il se plaît chez vous, vous aurez aussi le plaisir d'observer des semis spontanés chaque année.

Associations

Que ce soit en suspension, en pot ou en pleine terre dans une rocaille ou dans un massif, l'alysson se prête à tous les jeux et s'associe avec bonheur aux vivaces, bulbeuses et annuelles. Ses teintes pastel adoucissent les couleurs vives de ses compagnes ou peuvent être accordées en camaïeu. L'association avec des soucis ou des œillets est parfaite, ces plantes appréciant les mêmes conditions de culture.

Gastronomie (cf. recette p. 284)

Les fleurs de l'alysson sont très appréciées en cuisine pour leur côté esthétique et leur arôme de miel ; on les utilisera donc dans les crudités ou les entrées froides. Les feuilles, à la saveur piquante qui caractérise nombre de Brassicacées, relèveront malgré leur petite taille vos diverses salades.

Précautions

Comme pour toutes les autres plantes cultivées, ne consommer que celles qui n'auront pas été traitées chimiquement.

En haut : variété horticole. En bas : espèce sauvage.

Les bégonias

***Begonia* spp.**

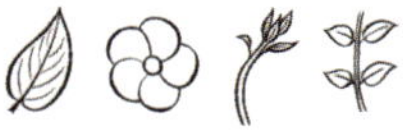

Le bégonia offre un choix infini de formes et de couleurs, que ce soit par ses feuilles ou ses fleurs. C'est donc un incontournable au balcon, au jardin et dans nos assiettes !

Présentation

Originaire des régions tropicales chaudes et humides, le bégonia doit son nom à Michel Bégon, intendant de Rochefort, collectionneur de plantes du XVIIe siècle. Cultivé en Europe depuis le XIXe siècle, il se décline aujourd'hui en plus de 1 500 variétés, certaines vivaces et d'autres annuelles, toutes comestibles. Certains bégonias poussent à partir de rhizomes, d'autres sont tubéreux. Apprécié pour son splendide feuillage, comme celui de *Begonia rex*, ou ses fleurs somptueuses, qu'elles soient simples ou doubles, on le retrouve partout du balcon au jardin. Sa floraison généreuse persiste jusqu'aux gelées ; les couleurs éclatantes ou pastel offrent toutes les couleurs de l'arc-en-ciel hormis le bleu et le violet.

Culture

Parfaits pour réaliser de belles potées, les bégonias apprécieront autant les pots et les jardinières que la pleine terre. Préférant la mi-ombre, on leur offrira une terre légère, riche, humifère mais bien drainée. Les variétés au feuillage pourpre supportent mieux le soleil. Pour les bégonias vivaces, penser à protéger la souche du froid ou à les hiverner à l'abri, car ils ne sont pas rustiques.

Associations

Avec son magnifique feuillage variant selon les espèces et sa longue période de floraison, le bégonia est indispensable en jardinière comme en pleine terre ; il cohabite avec bonheur avec la bourrache, la lunaire et les pensées en début de saison, puis les nigelles, l'oseille sanguine, le tulbaghia, l'estragon du Mexique, le sédum spectabile ou encore les blettes à carde colorées, formant ainsi des massifs de mi-ombre du plus bel effet.

Gastronomie (cf. recettes p. 271, 281, 305 et 317)

De la feuille à la fleur, tout se mange chez le bégonia ! Leur goût acidulé et leur esthétisme les font apprécier en salade (sucrée ou salée) et font merveille dans les rouleaux de printemps et les taboulés, ou pour décorer des desserts (sur un gâteau ou une glace). Feuilles et fleurs peuvent aussi se cuisiner en beignets, en légumes et servir d'accompagnement, notamment avec poissons et crustacés, qui apprécient leur saveur citronnée !

Précautions

Comme l'oseille, le bégonia contient de l'acide oxalique. Le consommer avec modération en cas de problèmes rénaux ou de douleurs articulaires.

En haut à gauche : *Begonia semperflorens* 'Dragon Wing'. En haut à droite : *Begonia semperflorens*.
En bas : bégonia à fleurs doubles.

La capucine

***Tropaeolum* spp.**
Cresson du Pérou, cresson du Mexique

Populaire et facile à cultiver, la capucine trouve sa place au jardin comme en pot. Très décorative, c'est aussi une plante particulièrement appréciée des gourmets !

Présentation

Introduite en France au XVIIe siècle, la capucine est une Tropæloacée originaire d'Amérique du Sud et d'Amérique centrale. Depuis, de nombreuses variétés se sont multipliées, des variétés naines aux grimpantes qui font également de bons couvre-sol. Leurs feuilles rondes à nervure rayonnante sont caractéristiques, tout comme leur odeur poivrée. Les fleurs sont traditionnellement jaunes ou orange mais peuvent arborer l'ivoire, le jaune pâle, le rouge et le brique foncé. Toutes possèdent à l'arrière un long éperon gorgé de nectar. Leurs fruits striés et globuleux à 3 loges passent du vert au beige à maturité.

Culture

Esthétique et utile, la capucine protège ses compagnes en attirant vers elle les pucerons. Elle peut être semée dès le mois de mars, mais il faudra attendre des températures clémentes pour la repiquer, même si, en climat doux, elle se ressème toute seule précocement. La capucine préférera une terre drainante pas trop riche et du soleil pour fleurir abondamment. En pleine terre comme en jardinière, qu'elle soit naine ou grimpante, c'est une plante facile à cultiver même pour les débutants !

Associations

En jardinière comme en pleine terre, les capucines feront bon ménage avec l'oseille sanguine ou des blettes à carde colorées. Leurs couleurs éclatantes se marient bien avec le bleu du romarin, de l'hysope et de la nigelle, le rose-violet des lunaires et du tulbaghia. Les grimpantes peuvent aussi s'immiscer dans les haies.

Gastronomie (cf. recettes p. 271, 278, 281 et 284)

Riche en vitamine C, la capucine a une saveur poivrée entre le cresson et le radis noir. Feuilles, fleurs et boutons floraux seront très appréciés dans toutes les crudités tout en apportant de la couleur. Boutons floraux et graines vertes sucrées et épicées se conservent aussi dans le vinaigre et font office de condiments. Feuilles et fleurs peuvent se confectionner en beignets ou être intégrées dans des soupes, des gratins, des mousses ou des pestos, auxquels elles apporteront leur petite note aromatique.

Note

Il existe une capucine vivace, la capucine tubéreuse (*Tropaeolum tuberosum*) : ses fleurs sont jaunes à calice et éperon rouges. Seuls les tubercules de cette plante grimpante sont consommés.

Le cléome

Cleome hassleriana
Fleur araignée

Avec son port élancé, graphique et élégant, le cléome apporte une touche d'originalité. Ses curieuses fleurs évoquant une araignée offrent des graines au goût de réglisse !

Présentation

Originaire de l'Amérique du Sud tropicale, le cléome est une annuelle de la famille des Capparidacées. De croissance rapide, ses longues tiges peuvent atteindre 1,50 m de haut ; elles portent des feuilles vertes palmées, divisées en pétioles couverts de poils glanduleux. L'espèce type porte des épines à la base de chaque pétiole, mais certains hybrides ne sont pas épineux. La floraison s'étale de fin juin aux gelées ; elle se compose de fleurs blanches, roses, mauves ou pourpres à longues étamines caractéristiques. Les graines se nichent dans des siliques pendantes et se récoltent de septembre à novembre.

Culture

Le cléome peut se semer dès mars sous abri ou d'avril à mai en godet. Il se repique en pleine terre ou dans un grand pot lorsque les gelées ne sont plus à craindre. Facile à cultiver, il aime les terres riches, drainantes, avec un bon ensoleillement. Gourmand en eau l'été, il sera utile de pailler son pied pour limiter l'évaporation. Il disparaît dès que les températures descendent en dessous de 2 °C.

Utilisations

Sa haute silhouette le destine aux arrière-plans des massifs, planté en groupe pour un effet de masse qui lui évitera de s'affaisser. On peut l'associer aux rosiers, aux cosmos, aux dahlias ou aux glaïeuls en jouant sur des teintes en camaïeu.

Gastronomie (cf. recettes p. 275 et 319)

Les pétales colorés du cléome s'ajoutent aux salades et crudités. Les graines sont encore plus intéressantes avec leur léger goût de réglisse qu'on exploitera en les utilisant en pâtisserie pour des biscuits, des crumbles, des gressins salés, des pâtes à pain ou encore sur des glaces ou dans des salades de fruits.

Précautions

Attention aux épines de certaines variétés lorsque l'on récoltera fleurs et graines.

Le coqueret du Pérou

Physalis peruviana
Physalis

Décoratif avec ses petites lanternes vertes puis couleur paille, le coqueret du Pérou apporte une note d'exotisme au jardin comme dans nos assiettes !

Présentation

Originaire du Pérou et d'Amérique centrale, le coqueret a été introduit en France à la fin du XIXe siècle. Cette Solanacée herbacée, vivace en climat doux, forme un buisson touffu dressant ses tiges rameuses jusqu'à 1,50 m de haut, tout en s'étalant généreusement autour d'elle. Ses feuilles vertes sont larges, tomenteuses et en forme de cœur. La floraison débute en mai et s'étale jusqu'en automne. Les fleurs campaniformes sont jaune pâle à gorge brune. Elles donnent rapidement naissance à un gros calice membraneux vert en forme de lanterne dans laquelle se niche le fruit. Les baies se récoltent à maturité jusqu'en hiver s'il est doux.

Culture

La culture du coqueret est assez simple ; comme pour les tomates, on peut le semer au chaud dès le mois de mars pour un repiquage à la mi-mai, en grand pot comme en pleine terre. Il peut se contenter d'un sol pauvre mais drainant, au soleil ou à la mi-ombre. Avec une terre riche sans trop d'azote et de bons arrosages, il pourra s'étaler jusqu'à 2 m d'envergure (prévoir donc des tuteurs !). Vivace, il est toutefois gélif : penser à le protéger avec un bon paillis.

Associations

Avec son port buissonnant, le coqueret peut se placer dans une haie ou en arrière-plan d'un massif de fleurs annuelles printanières ou estivales, la récolte des fruits s'effectuant à l'automne lorsqu'il faudra supprimer les plants des annuelles en fin de vie.

Gastronomie

Riches en vitamines A et C, les jolis fruits juteux du coqueret, avec leur goût sucré et acidulé, sont très appréciés dans les desserts, mais aussi dans les plats salés à base de volaille ou de poisson, auxquels ils apportent une petite note exotique. On les utilise crus ou légèrement revenus à la poêle dans un peu de beurre. Ils font merveille dans les salades de fruits ou sur des gâteaux et se marient divinement bien avec le chocolat… On peut aussi en faire des confitures.

Précautions

Seuls les fruits mûrs, de couleur jaune orangé, sont comestibles ; verts, ils sont toxiques. Il existe un autre physalis, l'alkékenge (*Physalis alkekengi*), aussi appelé amour-en-cage, très décoratif avec ses « lanternes » rouges, et qui est rustique. Ses fruits sont plus acides, laxatifs et ne se consomment que très mûrs.

En haut : le coqueret du Pérou et ses fruits. En bas : les jolies « lanternes » orange de l'alkékenge.

Les cosmos

Cosmos bipenné (*Cosmos bipinnatus*)
et cosmos sulfureux (*C. sulphureus*)

D'origine américaine, principalement du Mexique, les cosmos sont des plantes ornementales faciles, utiles au jardin et d'autant plus intéressantes que certaines espèces sont comestibles !

Présentation

Faisant partie de la vaste famille des Astéracées, les cosmos se composent en une vingtaine d'espèces annuelles ou vivaces. Les plus courants sont le cosmos bipenné, aux grandes fleurs blanches, roses ou pourpre, et le cosmos sulfureux, aux fleurs plus modestes jaunes, orange ou rouges. Ces deux plantes annuelles sont comestibles. Leur port érigé leur permet d'atteindre 1,50 m de haut avec un élégant feuillage vert clair, finement découpé. La floraison se produit de l'été à l'automne. Les graines attirent les oiseaux, qui en sont friands.

Culture

Faciles à cultiver, les cosmos se sèment en bac ou en pleine terre à partir d'avril et après les gelées. Ils aiment les sols légers et bien drainés, de préférence bien ensoleillés pour une plus belle floraison. Un tuteurage peut s'avérer nécessaire. En fin de vie, vous n'aurez pas besoin de les arracher : leur feuillage disparaîtra de lui-même et ses racines nourriront la terre tout en la décompactant.

Associations

Avec leur large palette de couleurs, les cosmos s'associent bien avec n'importe quelle plante du début de l'été à l'automne, notamment les glaïeuls et les dahlias. On les plantera plutôt en masse et en arrière-plan du fait de leur hauteur. Ils seront utiles aux tomates et surtout aux choux en faisant fuir la piéride.

Gastronomie

Les jeunes feuilles de ces cosmos peuvent se déguster en salade en compagnie d'autres plantes. Elles peuvent également se cuire. Les pétales de leurs fleurs décoreront joliment vos crudités ; ceux du cosmos bipenné vous apporteront un arôme de rose tandis que ceux du cosmos sulfureux seront plus épicés.

Précautions

Toutes les espèces de cosmos ne sont pas comestibles, notamment le cosmos chocolat (*Cosmos atrosanguineus*) qui exhale pourtant un fort parfum de chocolat, à ne dévorer que des yeux… Le cosmos sulfureux contient de la sulfurétine, une substance pouvant provoquer des dermites de contact chez les personnes sensibles.

À gauche : cosmos sulfureux. À droite : cosmos bipenné.

Les dahlias

***Dahlia* spp.**

Voici encore une Mexicaine, bien connue dans nos jardins pour ses magnifiques fleurs multicolores. Ce que l'on sait moins, c'est que dans son pays d'origine, le dahlia est considéré comme un légume !

Présentation

Plante typique des jardins de nos grands-mères, le dahlia est une Astéracée qui revient en force. Il faut dire qu'il ne manque pas d'arguments pour nous faire craquer ! Qu'il soit à petites fleurs simples ou géantes doubles, en adorables pompons ou à fleurs de cactus, il arbore quasiment toutes les couleurs de l'arc-en-ciel ! De tailles multiples, ses milliers d'hybrides ne laissent pas indifférents ; leur beauté comme l'odeur sucrée caractéristique de son feuillage ne peuvent que nous séduire, il y en a vraiment pour tous les goûts ! Suivant les variétés, la floraison se produit de juin jusqu'aux gelées.

Culture

Les dahlias sont de gros gourmands : gourmands pour le choix de leur substrat (sol riche et bien drainé), gourmands en eau mais aussi en soleil pour une belle floraison. Passé ces exigences, leurs nombreuses variétés permettent de les cultiver en pot comme en pleine terre. Gélifs, ils devront être déterrés avant les gelées ou recouverts d'un paillis protecteur en climat doux.

Associations

En potée, les variétés naines s'associent bien au feuillage vert tendre de l'ipomée (patate douce). Au jardin, les dahlias se plantent en massif ; près de cosmos, ou d'artichauts dont le feuillage grisé met en valeur leurs belles couleurs.

Gastronomie

Traditionnellement, au Mexique, les jeunes tubercules se consomment cuits à la manière des topinambours ; leur saveur un peu sucrée rappelle celle de l'artichaut. Les pétales des dahlias, de goûts différents suivant les variétés, se cuisinent crus ou cuits et servent de condiment dans les crudités, les sandwichs, les gratins, les soupes et les gaspachos.

Note

Les dahlias sont tous comestibles, mais le goût de leurs fleurs varie énormément d'une variété à l'autre ! Il sera d'autant plus prononcé et aromatique que l'on se rapproche du centre. Les fleurs claires ont une saveur plus piquante, les foncées plus douce.

En haut : dahlia cactus. En bas : dahlia à fleurs simples mis en valeur par un fond de cosmos sulfureux.

Le glaïeul

***Gladiolus* spp.**

Très commun dans les jardins de nos campagnes, le glaïeul promène son élégante silhouette et ses fleurs multicolores tout l'été. Traditionnellement utilisé comme fleur à couper, il est aussi comestible !

Présentation

Plante bulbeuse de la famille des Iridacées, le glaïeul compte près de 180 espèces pour des milliers d'hybrides ! Ce sont ces hybrides horticoles que l'on cultive généralement au jardin. De son corme (le bulbe) s'érige un éventail de feuilles vertes et longues d'où émergera la longue hampe florale. Les fleurs en entonnoir s'étagent l'été tout le long de cette dernière ; suivant les variétés, ils peuvent lisses, frisottés ou frangés, unicolores ou multicolores. Les teintes vont du pastel aux couleurs les plus criardes, à l'exception du bleu et du noir profond.

Culture

Les cormes de glaïeul se plantent pointe en haut de mars à juin pour une floraison échelonnée jusqu'à l'automne. Prévoir un sol léger, drainant mais riche et frais, ainsi qu'un bon ensoleillement. Éviter les endroits venteux, qui les feraient se coucher. Garder un maximum de feuilles (qui permettent aux bulbes d'accumuler des réserves) lorsque l'on cueille les fleurs. Attendre que le feuillage se dessèche avant de déterrer les cormes ; les stocker au sec avant de les replanter au printemps suivant.

Associations

Les glaïeuls sont du plus bel effet en groupe et en massif, accompagnant vivaces et annuelles estivales comme les dahlias, les rosiers, les hémérocalles, les monardes ou les cosmos. Ils perdront ainsi leur allure un peu trop guindée tout en résistant mieux au vent et à la pluie.

Gastronomie

Les pétales colorés des glaïeuls s'ajoutent aux salades, canapés, taboulés ou encore rouleaux de printemps, et même aux salades de fruits. Leur saveur est assez neutre, douce et un peu sucrée à la base. Les fleurs entières peuvent servir de bouchées, servies avec des crèmes (sucrées ou salées), ou de coupelles pour des crudités diverses ou des mini-salades de fruits coupés en petits morceaux.

Précautions

Seules les fleurs sont comestibles (les cormes sont toxiques). Prévoir d'ôter étamines et pistils pour les personnes sensibles.

La guimauve

Althaea officinalis
Guimauve officinale, mauve blanche

Ornementale, alimentaire et médicinale, la guimauve est une plante indispensable au jardin, n'hésitons pas à l'adopter !

Présentation

Utilisée depuis au moins l'Antiquité, la guimauve se retrouve à l'état sauvage comme au jardin. Affectionnant les milieux humides et le littoral, la guimauve est une Malvacée à port buissonnant pouvant atteindre 1,50 m de haut. Ses feuilles caduques, gris-vert argenté, sont veloutées, un peu épaisses, dentées à 3 à 5 lobes peu marqués. À leur aisselle apparaissent en été des fleurs mellifères rose pâle composées de 5 pétales. Viendront ensuite leurs fruits circulaires, appelés fromageons (comme ceux de la mauve, de la rose trémière ou de la lavatère), composés de nombreux carpelles accolés, entourés de sépales.

Culture

Idéale pour les terrains proches du bord de mer, la guimauve se plante en sol léger, profond, fertile et frais. Rustique jusqu'à – 17 °C, elle demande le plein soleil et un arrosage l'été si la terre a tendance à sécher. On la plante dès le mois de mars jusqu'en mai, ainsi qu'à l'automne. Elle se multiplie par semis ou par bouturage. Les pieds se rabattent à la base en novembre.

Associations

Les buissons de guimauve peuvent constituer le fond d'un massif, accompagnés de plantes à floraison estivale comme les cosmos et les dahlias, les hémérocalles ou les cléomes.

Gastronomie

De la fleur à la racine, tout est comestible chez la guimauve ! Des racines, on extrait le mucilage qui permet de confectionner la fameuse friandise éponyme. Ébouillantées, elles peuvent servir de légume-racine. Les jeunes feuilles s'ajoutent aux salades ou se cuisinent comme un légume vert. Elles ont également des propriétés médicinales. Les fleurs et leurs jeunes fromageons (débarrassés de leurs sépales) se rajoutent aux salades et autres crudités.

Précautions

Ne pas consommer ses feuilles si elles sont atteintes par la rouille.

L'hémérocalle

***Hemerocallis* spp.**
Lis d'un jour

L'hémérocalle à la floraison estivale si généreuse mérite son titre de reine des fleurs comestibles, car elle se décline en d'innombrables recettes, de la feuille à la fleur fanée, sans oublier son bouton floral !

Présentation

Originaire d'Extrême-Orient où on l'utilise comme légume et pour l'ornement dès le VIe siècle av. J.-C., l'hémérocalle est une bulbeuse à rhizome qui arrive en Europe au XVIe siècle. L'hybridation de cette Liliacée avec des cultivars américains dans les années 1950 vont donner la fantastique profusion des variétés actuelles ; des formes naines aux plants de grande taille, un feuillage persistant ou caduc, une palette infinie de couleurs à l'exception du bleu. Les 6 tépales composés de 3 pétales centraux et de 3 sépales peuvent être bicolores et de forme variable. La fleur ne dure qu'une journée mais est remplacée dès le lendemain par une suivante. Certaines variétés sont remontantes.

Culture

Les rhizomes d'hémérocalle se plantent en automne ou au printemps dans un sol léger, riche et frais mais drainant, en grand pot comme en pleine terre. Pour une belle floraison, prévoir un minimum de 6 heures d'ensoleillement. Penser à retirer les fleurs fanées de la veille pour prolonger cette floraison ; une bonne occasion pour les consommer ou les mettre au congélateur le temps d'en obtenir le nombre suffisant pour une recette ! L'hémérocalle est rustique et peut rester en terre l'hiver. Effectuer juste une division des touffes au printemps tous les 4 à 5 ans.

Associations

Planté à côté de bulbeuses printanières comme les tulipes, son feuillage pourra prendre le relais et combler les trous dans vos massifs. On pourra l'associer avec des annuelles estivales comme les cosmos ou les cléomes, le feuillage aérien d'un fenouil 'Bronze' ou encore des rosiers. Sa large gamme de coloris permet toutes les fantaisies.

Gastronomie (cf. recette p. 279)

Les jeunes feuilles d'hémérocalle peuvent se déguster en salade ou être cuisinées. Leur saveur se situe entre l'asperge et le céleri. Les boutons floraux sont traditionnellement sautés à la poêle au Japon, mais ils sont aussi consommés en salade, tout comme les fleurs épanouies. Crues, elles peuvent être ajoutées dans les taboulés, les rouleaux de printemps ou être farcies. Cuites, elles ont une texture se rapprochant du poireau ou de la chanterelle ; on les sert en beignets, avec d'autres légumes, en gratin, en soupe, en tarte… Les jeunes rhizomes se cuisinent également comme légume.

Précautions

L'hémérocalle peut être laxative si on en abuse. Pour les personnes sensibles, retirer les étamines, riches en pollen.

Les hostas

***Hosta* spp.**
Funkia

Plantes cultivées chez nous pour leur feuillage extrêmement décoratif, les hostas sont considérés en Asie comme d'excellents légumes d'accompagnement ! À découvrir...

Présentation

Originaires d'Asie, les hostas sont des Liliacées et ont été introduits en Europe au début du XIXe siècle. Il en existe une multitude d'espèces et hybrides, tous comestibles. D'une hauteur variant entre 10 cm et 1,20 m, ils poussent en touffe de larges feuilles caduques aux formes, textures et couleurs variées. L'hosta fleurit de juin à septembre en grappes de trompettes blanches, roses ou violettes, parfois parfumées. Parmi les plus intéressants au niveau culinaire et esthétique : *Hosta plantaginea*, *H. fortunei*, *H. sieboldii*...

Culture

Rustiques (jusqu'à – 20 °C), les hostas se cultivent en pot ou en pleine terre, dans un sol lourd, frais, fertile et humifère à la mi-ombre ou à l'ombre. Au printemps, apporter fumier ou compost. L'été, l'arrosage et le paillage sont essentiels. Les variétés au feuillage doré ou panaché supportent mieux le soleil que celles au feuillage bleuté. Le feuillage disparaît l'hiver.

Associations

Les hostas faisant d'excellents couvre-sol, on peut s'amuser à mélanger plusieurs variétés aux feuillages différents pour d'élégants contrastes. Si l'implantation leur convient, ils s'étendront naturellement grâce à leurs stolons. À la mi-ombre, on pourra les associer à l'hémérocalle, au lis, à la violette, à la mélisse, à des menthes ou à des lamiers, mais aussi les positionner au pied de rosiers ou de seringats. En pot, mieux vaut choisir des petites variétés.

Gastronomie

Les jeunes pousses se mangent cuites à la vapeur, blanchies, sautées à la poêle ou frites, ainsi que les jeunes feuilles fraîchement déroulées qui se cuisinent comme des épinards. Les boutons floraux se prêtent à la friture ou aux beignets et peuvent se confire. Les fleurs décorent les crudités et peuvent aussi se cuire (ôter pistils et étamines au préalable).

Précautions

Outre le soleil brûlant, les hostas craignent les attaques des gastéropodes, friands de leurs feuilles tendres ; un paillage de lin ou de chanvre éloignera ces gourmands tout en maintenant les pieds au frais. Si les hostas sont comestibles pour les humains, ils sont toxiques pour les chats, les chiens et les chevaux.

L'houttuynia

Houttuynia cordata

Houttuynie caméléon, herbe à poivre, poivrier de Chine

Jolie plante de bassin à feuillage décoratif aux vertus dépolluantes et filtrantes, l'houttuynia est aussi une plante médicinale et condimentaire. Ne nous en privons pas !

Présentation

Originaire d'Extrême-Orient où elle est consommée comme légume et reconnue également comme plante médicinale pour ses qualités antibactériennes, dépuratives et laxatives, l'houttuynia est plus connue chez nous dans les jardins ou les bassins pour l'esthétisme de son feuillage tricolore. Le feuillage caduc et cordiforme de cette Saururacée est marbré de vert, de crème et de rouge ; il dégage des senteurs poivrées rappelant la coriandre. La floraison estivale est composée de 4 bractées blanches entourant une grappe conique de très petites « fleurs » (en fait des bractées) jaunâtres. La variété 'Flore Pleno' produit des fleurs doubles.

Culture

Plante de berge ou excellent couvre-sol en terrain frais et semi-ombragé, l'houttuynia est également très rustique puisqu'elle résiste jusqu'à – 28 °C ! Elle se plante généralement au printemps ou en début d'automne, en pot ou en pleine terre, et nécessite un bon arrosage. Son feuillage disparaît l'hiver pour repartir de plus belle au printemps. L'houttuynia peut retourner à sa forme sauvage (feuillage non panaché) ; il suffira d'ôter ces spécimens – et de les consommer ! – pour éviter qu'ils ne prennent le dessus.

Associations

Idéale pour couvrir une berge de bassin, l'houttuynia peut aussi côtoyer en pleine terre des plantes de taille plus grande qui ne se laisseront pas déborder, comme la rhubarbe, le fenouil et l'angélique ou encore l'ail des ours, qui affectionnent les mêmes milieux.

Gastronomie (cf. recette p. 290)

Communément utilisés dans la cuisine asiatique, les feuilles et les rhizomes de l'houttuynia dégagent des senteurs puissantes, proches de la coriandre avec des notes d'agrume. On utilisera les jeunes feuilles fraîches pour aromatiser salades, poissons, nems ou soupes. Ses rhizomes sont traditionnellement consommés comme légume.

Précautions

Pouvant devenir envahissante si l'environnement lui est favorable, il suffira pour contenir l'houttuynia de lui arracher les feuilles lors de leur apparition (et d'en profiter pour les consommer !).

L'iphéon

Tristagma uniflorum
Ail des Incas, étoile des Incas, étoile de printemps

Originaire d'Amérique du Sud, l'iphéion est une adorable petite bulbeuse qui illumine par sa floraison précoce jardins et potées. De la famille de l'ail et de l'oignon, il se retrouve aussi dans nos assiettes !

Présentation

Plante bulbeuse sauvage des prairies et rocailles argentines et andines, l'iphéion se décline aussi en plusieurs variétés horticoles qui vont du blanc bleuté initial au bleu lilas, au mauve rosé, au pourpre jusqu'au blanc pur. Semblables à une herbe large vert tendre, les feuilles linéaires de cette Amaryllidacée apparaissent en début d'automne ; elles constituent avec les années une large colonie tapissante. Froissées, elles dégagent un fort parfum aillé. Elles jaunissent et disparaissent au début de l'été. Les fleurs (une par tige) sont en forme d'étoile et peuvent apparaître dès décembre en climat doux. Elles exhalent une légère odeur de miel.

Culture

Rustique jusqu'à – 13 °C et résistant à la sécheresse, l'iphéion est facile de culture si on lui offre une terre drainante et un peu fertile. Au soleil ou à la mi-ombre, en pot ou en pleine terre, on plante ses bulbes en groupes de préférence à l'automne ou toute l'année quand on la repique en godet. Éviter d'arroser l'été pendant la dormance.

Associations

En potée, on peut l'associer aux jacinthes et aux tulipes hâtives. En pleine terre, il est idéal en rocaille, au premier plan des massifs devant des vivaces ou des bulbeuses printanières. L'effet sera plus réussi si on le plante en masse. On peut lui adjoindre le bugle, les œillets nains, les primevères et les pensées, les violettes et les lamiers.

Gastronomie (cf. recette p. 286)

Son feuillage filiforme à la saveur aillée se récolte de l'automne au printemps pour une utilisation semblable à celle de la ciboulette : omelette, salade, crudités, fromage… Ses fleurs, plus sucrées et à l'arôme légèrement miellé, décorent salades sucrées ou salées et diverses crudités.

Précautions

Attention aux excès d'eau comme aux gastéropodes qui, comme nous, sont friands de ses feuilles tendres.

La jacinthe d'Orient

Hyacinthus orientalis
Jacinthe de Hollande

Facile à cultiver, la jacinthe nous charme autant pour son parfum capiteux que pour sa généreuse floraison aux couleurs multiples. Et ses fleurs sont aussi une gourmandise !

Présentation

Originaire du Moyen-Orient pour l'espèce type, la jacinthe est cultivée depuis près de 500 ans pour sa beauté et son parfum que l'on apprécie au jardin comme au balcon (et même dans nos intérieurs). Cette Liliacée a des fleurs cireuses très odorantes, simples ou doubles, aux coloris multiples : elles sont regroupées en grappe dressée et dense sur une tige épaisse et rigide. Elles apparaissent dès décembre (grâce au « forçage »), mais plus généralement de février à avril.

Culture

La jacinthe se plante en pleine terre ou en pot de septembre à décembre, les bulbes devant être enterrés à 10-15 cm de profondeur dans un sol riche et drainé, au soleil ou à la mi-ombre. On peut les laisser en place après la floraison (couper les hampes défleuries pour ne pas fatiguer le bulbe) ; ils refleuriront ainsi chaque année, même si les hampes seront moins grosses. On peut également les « forcer » pour avoir une floraison précoce en décembre en les plaçant au froid (5 à 10 °C) dans l'obscurité 5 à 6 semaines auparavant, le temps qu'ils germent. Les planter ensuite dans un pot ou un vase à bulbe.

Associations

En pleine terre ou en jardinière, les jacinthes sont très jolies avec d'autres bulbeuses comme les tulipes ou des vivaces comme les primevères et les pensées. Côté sauvages, on peut aussi lui associer les fleurs blanches du diplotaxe.

Gastronomie (cf. recettes p. 284 et 316)

Seules les fleurs de la jacinthe d'Orient se consomment, sans la tige centrale. Très décoratives, elles sont à la fois croquantes et fondantes, avec une saveur légèrement sucrée. Leur parfum aromatise à merveille les desserts (crèmes, salades de fruits, ornementation de gâteaux…), confitures ou liqueurs tout comme les crudités et les salades. On peut bien sûr les cristalliser au sucre et même les cuire. Peu importe la couleur des fleurs, le goût ne différera pas.

Précautions

Le bulbe de la jacinthe est toxique ; ne manger que ses fleurs, sans la tige. Ne pas consommer les jacinthes « forcées » du commerce, ni celles achetées déjà fleuries qui sont traitées et poussées aux engrais.

La lavatère arbustive

***Lavatera* spp.**
Mauve en arbre

Arbuste décoratif à la généreuse floraison, la lavatère gagne aussi à être connue pour ses qualités culinaires puisque ses fleurs et ses feuilles se cuisinent avec délice !

Présentation

Appartenant à la grande famille des Malvacées, la lavatère est un arbuste ornemental commun dans les jardins, proche de la mauve, de la rose trémière et de la guimauve. Son feuillage semi-persistant duveteux à lobes palmés est d'un beau vert cendré. Les fleurs se composent de 5 pétales blancs, roses ou violets s'épanouissant de mai jusqu'aux gelées. Les petits fruits verts contenant les graines sont appelés fromageons à l'instar de ceux de la mauve. Il existe aussi à l'état sauvage une espèce proche et protégée : la lavatère maritime (*Lavatera maritima*), aux fleurs rose pâle veinées et au cœur pourpré.

Culture

Peu exigeante, la lavatère se contentera d'une terre ordinaire mais bien drainée et en plein soleil, en bac ou au jardin. Peu rustique, il faudra la pailler en cas d'hiver rigoureux et la planter après les gelées. Elle se taille au démarrage de la végétation, puis en été après la floraison pour en relancer une nouvelle. En profiter pour la bouturer, car elle ne vit guère plus de 5 ans. Par contre, *a contrario* d'autres Malvacées, elle est moins sujette à la rouille.

Associations

La lavatère peut se planter avec d'autres arbustes comme l'arroche maritime ou des rosiers en massif ou haie libre. Elle apporte également du volume au milieu d'un massif de vivaces et d'annuelles (cléomes, cosmos, tagètes…).

Gastronomie (cf. recettes p. 271, 281 et 291)

De saveur très douce, les jeunes feuilles comme les fleurs peuvent s'ajouter aux salades et crudités. Les feuilles constituent un bon légume vert, riche en mucilage ; elles se cuisinent comme des épinards. La beauté des fleurs ajoutera de l'esthétisme dans les plats salés ou les desserts. Les fromageons se croquent également après avoir retiré les sépales.

Précautions

Consommée en grande quantité, la lavatère , comme toutes les Malvacées, est laxative.

La lunaire

Lunaria annua

Monnaie-du-pape, herbe aux écus

Bien connue dans les jardins avec sa fructification blanc nacré et translucide, la lunaire est très décorative, facile à vivre et même comestible !

Présentation

La lunaire est une Brassicacée annuelle ou bisannuelle qui doit son nom à ses délicates gousses en forme de disque aplati, les silicules. Ses grandes feuilles vertes dentées, en forme de cœur, sont disposées sur une tige qui peut atteindre en bonne condition 1,20 m. De mai à juillet, elle produit des fleurs roses ou violettes (parfois blanches) à 4 pétales qui sont mellifères. Les silicules elliptiques, d'abord vertes puis beiges, contiennent les graines, placées sur une membrane nacrée. La plante meurt après la fin de sa fructification.

Culture

De culture facile, la lunaire se sème à l'automne ou au printemps dans une terre de préférence riche et drainée. On peut la cultiver en pot comme en pleine terre, au soleil ou à la mi-ombre. Rustique, elle supporte des températures basses jusqu'à – 20 °C. Une fois installée, elle se ressème naturellement toute seule. Attention aux gastéropodes, qui raffolent de ses feuilles tendres.

Associations

La lunaire est très décorative en masse avec ses jolies fleurs roses puis ses silicules monétiformes. La mêler en fond ou en milieu de massifs aux plantes printanières comme les tulipes, les capucines, les soucis, les œillets…

Gastronomie (cf. recette p. 291)

Toute la plante recèle une certaine amertume, mais on n'en consommera pas moins feuilles, fleurs et jeunes fruits avant maturité ! Piquantes et amères, les racines et les graines mûres ont autrefois servi d'épices. Dans les crudités ou en sauce froide, on pourra rajouter de jeunes feuilles ciselées, les fleurs et les gousses bien tendres. Ces dernières ainsi que les feuilles peuvent être cuites comme légumes ou frites dans une pâte à tempura.

Note

Il existe une lunaire vivace, *Lunaria rediviva* ; ses fleurs sont parfumées, blanches à violacées. On la retrouve quelquefois dans la nature, mais elle peut être également cultivée.

Les nigelles

Nigella spp.
Cumin noir, cheveux de Vénus, barbe de capucin

Les nigelles sont des plantes ornementales remarquables tant par leurs belles fleurs qui peuvent être d'un bleu magnifique que par leurs graines poivrées qui s'utilisent comme épices.

Présentation

Il existe plusieurs espèces annuelles de nigelle, les plus courantes étant la nigelle aromatique (*Nigella sativa*) et la nigelle de Damas (*N. damascena*). Pour différencier ces deux Renonculacées, il faut observer le dessous des fleurs et des fruits ; la nigelle de Damas possède un involucre de 5 bractées filamenteuses que l'aromatique n'a pas. Leur feuillage vert clair est finement divisé, donnant à la plante un port aérien. Les fleurs peuvent être blanches ou bleu clair pour *N. sativa*, mais aussi bleu vif, roses ou mauves pour *N. damascena* ; elles apparaissent à la fin du printemps et en été. Après fécondation apparaît le fruit, sorte de capsule globuleuse contenant les graines noires aromatiques.

Culture

Les nigelles se sèment à partir de mars ou en septembre, dans un sol bien drainé et fertile, en pot ou directement en pleine terre. Il leur faudra du soleil pour bien fleurir, généralement en mai-juin, parfois en septembre. Pour une culture en pot, prévoir de bons arrosages l'été. Elles se ressèment naturellement et très facilement.

Associations

Les nigelles apportent une touche colorée dans les massifs et se mêlent sans problème avec d'autres annuelles estivales comme les cosmos et les cléomes. Leur feuillage aérien pourra masquer provisoirement les pieds dénudés d'arbustes comme les rosiers ou les seringats.

Gastronomie (cf. recettes p. 275, 279, 290 et 319)

Les graines épicées de la nigelle aromatique ont un goût entre le poivre, le cumin et la muscade. Elles s'utilisent fraîches dans les salades et les crudités mais, séchées et grillées à sec, elles révèlent une saveur citronnée et poivrée. Elles s'ajoutent aux gressins, biscuits et pâtisseries de toutes sortes, mais aussi comme condiment dans les marinades et les préparations au vinaigre. Celles de la nigelle de Damas, que l'on nomme aussi « poivre de Damas », dégagent une odeur de fraise quand on les écrase ; elles sont piquantes et un peu âcres. Les graines de nigelle ont aussi des propriétés médicinales.

Précautions

Les graines sont les seules parties comestibles des nigelles. Celles de la nigelle de Damas contiennent un alcaloïde et de la saponine ; elles ne doivent pas être ingérées en grande quantité, car à forte dose elles peuvent être toxiques. Même celles de la nigelle aromatique doivent être consommées avec modération, car elles aussi contiennent de la saponine.

À gauche : nigelle aromatique. À droite : nigelle de Damas.

Les œillets

***Dianthus* spp.**
Œillet des fleuristes, œillet mignardise, œillet des poètes

Qu'ils poussent en petite touffe compacte ou sur de grands tuteurs, les œillets sont appréciés pour leur beauté, leur parfum et pour leur saveur épicée.

Présentation

Il existe trois sortes d'œillets comestibles (mis à part les œillets d'Inde, des tagètes de la famille des Astéracées) : le grand œillet des fleuristes (*Dianthus caryophyllus*), le petit œillet mignardise (*D. plumarius*) – tous deux très agréablement parfumés – et le joli œillet des poètes (*D. barbatus*) à l'odeur plus discrète. Bisannuels pour ceux des poètes ou vivaces pour les deux autres, ces membres des Caryophyllacées sont appréciés pour leur fleurs colorées du printemps à l'été. Seul l'œillet des fleuristes a une gamme quasi infinie de couleurs ; les deux autres se contentant du blanc au pourpre en passant par toutes les carnations de rose.

Culture

Les œillets se plantent dans un sol ordinaire (non acide), bien drainé, de préférence à la chaleur, au soleil ou à la mi-ombre. On les cultive en pot ou en pleine terre indifféremment. Ils se sèment d'avril à juin et se mettent en place à l'automne ou au printemps suivant. Pour prolonger la floraison, penser à retirer les fleurs fanées. Les œillets sont rustiques, ils ne craignent que l'humidité.

Associations

L'œillet mignardise fait merveille en potée, en rocaille ou en premier plan d'un massif en compagnie d'alyssons, de sédums spectabiles ou de bégonias. De taille plus haute, l'œillet des poètes et surtout l'œillet des fleuristes sont à placer plus en arrière-plan. Pour le dernier, prévoir des tuteurs.

Gastronomie (cf. recette p. 281)

Seules les fleurs des œillets s'inviteront à notre table ; on les réservera aux desserts (salades de fruits, crèmes, glaces, pâtisseries, confiseries) ou aux crudités. Elles peuvent aussi aromatiser des sirops, des boissons ou des beurres salés. Le goût de la fleur de l'œillet mignardise se rapproche de celui de la muscade et les autres de celui du clou de girofle sucré. Penser à couper la base des pétales, généralement amère.

Précautions

N'utiliser que des fleurs non traitées.

En haut à gauche : œillets des poètes. En haut à droite et en bas : œillets mignardises.

La pâquerette

Bellis perennis

Fleur de Pâques, petite marguerite

Qu'elle soit sauvage ou cultivée, la pâquerette est un atout de charme indiscutable pour les potées comme pour les jardins. De plus, elle se cuisine. Que demander de plus ?

Présentation

Il existe plusieurs espèces de pâquerette ; la pâquerette cultivée dérive essentiellement de la pâquerette sauvage et, tout comme elle, elle est comestible. Les trois principaux cultivars sont la pâquerette pomponnette à petite fleur double et à ligules tubulaires, la pâquerette à grande fleur ébouriffée plate ou double et la pâquerette à fleur monstrueuse à ligules plats et doubles. Les couleurs vont du blanc au rouge en passant par différents tons de rose. Les dates de floraison sont très variables d'une variété à l'autre. Elles poussent en rosette de feuilles ovales et charnues de 5 à 20 cm de haut. Les pâquerettes sont vivaces mais les variétés horticoles s'épuisent vite.

Culture

Rustique jusqu'à – 15 °C, la pâquerette se cultive en pot comme en pleine terre. Elle aime une situation ensoleillée mais supporte l'ombre. Peu exigeante sur la nature du sol, elle augmentera de taille si la terre est riche. Prévoir des arrosages lors des fortes chaleurs estivales. Les semis s'effectuent en été pour une plantation à l'automne ou au printemps.

Associations

Les pâquerettes, qu'elles soient en potée ou en pleine terre, s'associent très bien aux bulbes printaniers (tulipes, jacinthes…), aux pensées, aux alyssons et aux primevères, mais aussi aux fleurs estivales comme les bégonias. Cela dépendra bien sûr de leur variété.

Gastronomie (cf. recette p. 271)

Riche en vitamine C, pâquerette a des vertus médicinales. Ses très jeunes feuilles peuvent se rajouter en petite quantité dans les salades. Leur saveur un peu âcre diminue à la cuisson ; elles peuvent alors être utilisées en légume vert. Les pétales et les boutons floraux se dégustent crus (dans les crudités) ou cuits. Ces derniers peuvent être préparés en câpres.

Précautions

Ne pas confondre la pâquerette avec l'envahissante vergerette (genre *Erigeron*), aussi appelée pâquerette des murailles, aux fleurs un peu semblables et poussant en touffe de petites feuilles simples et lancéolées. Celle-ci ne se consomme pas.

En haut : pâquerette pomponnette. En bas : pâquerette sauvage.

Les pélargoniums

***Pelargonium* spp.**
Pélargonium odorant, géranium-lierre, géranium zonal

Improprement appelés géraniums, les pélargoniums odorants éloigneraient les moustiques. Certains d'entre eux sont utilisés en cosmétique, mais également en cuisine !

Présentation

Les pélargoniums à feuillage odorant, tout comme le « géranium »-lierre (*Pelargonium peltatum*) et le « géranium » zonal (*P. zonale*), font partie de la famille des Géraniacées ; bien connus pour leur côté esthétique, ils sont aussi comestibles ! Suivant les cultivars, ils peuvent sentir la menthe (*P. tomentosum*), la rose (*P. graveolens*, *P.* 'Robert's Lemon Roses'), l'eucalyptus (*P. fragrans*), la pomme (*P. odoratissimum*) ou encore le pin, le citron… Le feuillage des odorants est souvent plus intéressant que leurs fleurs ; il peut être duveteux, à feuilles rondes, à feuilles très découpées, de couleur verte, gris-vert ou vert-jaune. La floraison se produit en été ; de taille très variable, elle va du blanc au pourpre en passant par différentes teintes de rose.

Culture

Les pélargoniums ne sont pas rustiques et doivent être protégés contre le gel. En pleine terre, où ils peuvent constituer de beaux massifs, ou en pot, ils apprécieront une terre riche et bien drainée. On leur offrira une exposition ensoleillée ou à la mi-ombre.

Associations

Les pélargoniums sont de tailles diverses et conviendront aussi bien en massif (en arrière-plan pour les plus grands) qu'en potée ou en suspension pour les plus petits ; on pourra les marier avec les feuilles vert tendre de la patate douce ou avec des fleurs estivales comme les bégonias.

Gastronomie

Les feuilles, avec leurs parfums variés, transmettront leurs extraordinaires arômes aux crèmes, sauces, boissons (alcoolisées ou non), pâtisseries, entremets ou glaces. Salé ou sucré, tout est possible, ce n'est qu'une histoire de goût ! Les fleurs, beaucoup moins aromatiques que les feuilles, peuvent aussi se rajouter aux plats.

Précautions

Ne pas confondre avec le géranium véritable (*Geranium* spp.), plante herbacée sauvage aux nombreux hybrides horticoles : ils ne se consomment pas.

En haut : massif de différents pélargoniums odorants. En bas : les floraisons intéressantes de 'Paton's Unique' (à gauche) et de 'Royal Oak' (à droite).

Les pensées

Viola spp.

Qu'elles soient à petites ou grandes fleurs, les pensées sont les stars de l'hiver avec leurs couleurs chatoyantes et veloutées. Elles sont aussi agréables à regarder qu'à déguster !

Présentation

La pensée est un grand classique dans les jardins et les potées. Peu exigeante et rustique, cette Violacée apporte de la gaieté, avec ses couleurs vives, de l'automne au printemps. Il en existe de multiples variétés horticoles : de la grosse fleur de *Viola* × *wittrockiana* aux petites fleurs de la très florifère pensée cornue (*V. cornuta*) en passant par les espèces sauvages comme la pensée des champs (*V. arvensis*) et l'adorable pensée tricolore (*V. tricolor*). Mis à part l'été, on peut avoir une floraison quasiment toute l'année. Toutes leurs fleurs sont comestibles.

Culture

Les pensées se sèment à l'ombre en été pour un repiquage à l'automne. Elles demandent un sol riche et bien drainé, en pot comme en pleine terre. Pour une floraison plus généreuse, il leur faudra du soleil, mais la mi-ombre convient aussi. Ce sont des plantes vivaces qui ne craignent pas le gel, mais leur vie est assez courte. Certaines variétés se ressèment spontanément.

Utilisations

En pot comme au jardin, les pensées feront de jolies compositions, grâce à leur palette de couleurs très variées, avec les primevères, la bourrache, le souci, les tulipes ou les jacinthes. Elles seront aussi parfaites dans une rocaille avec des aromatiques ou en bordure de massif.

Gastronomie (cf. recettes p. 281, 284, 285 et 313)

D'une texture douce et veloutée au palais, la fleur de pensée exhale chez certaines variétés un léger parfum. Un peu charnue et veloutée, elle est très agréable à déguster, notamment en salade. Elle magnifiera les crudités salées ou sucrées, les cocktails ou les desserts. Elle sera également très facile à cristalliser au sucre pour réaliser de somptueux décors.

Notes

Contrairement à sa cousine la violette dont les feuilles sont comestibles, seules les fleurs de la pensée se consomment. On confond d'ailleurs souvent ces deux fleurs. Pour les différencier, il suffit de compter leurs pétales : 4 pétales vers le haut et 1 vers le bas pour la pensée, 2 pétales vers le haut et 3 vers le bas pour la violette.

La pivoine herbacée

**Pivoine officinale (*Paeonia officinalis*)
et pivoine de Chine (*P. lactiflora*)**

La somptueuse pivoine à la floraison si éphémère est bien connue pour l'ornementation des jardins. En Asie, ses fleurs se dégustent à l'instar de légumes : à découvrir...

Présentation

Belle plante vivace, la pivoine herbacée est originaire d'Asie et d'Europe. Sa végétation touffue qui disparaît l'hiver se compose de feuilles alternes à 9 folioles aux formes variables. Suivant les variétés, les fleurs peuvent être simples ou doubles, en coupe ou en boule, et plus ou moins parfumées. Les teintes vont du blanc pur au rouge carmin en passant par tous les tons de rose. La floraison est capricieuse et peut se faire attendre plusieurs années ; elle se produit du milieu du printemps au début de l'été.

Culture

La pivoine herbacée aime être à l'aise : prévoir un grand pot si on ne peut la mettre en pleine terre. Elle apprécie les sols neutres à acides, riches en humus, un peu humides tout en étant drainés. Elle préférera une exposition ensoleillée protégée des vents tout en tolérant la mi-ombre. Rustique jusqu'à – 20 °C, elle déteste par contre être déplacée et mettra des années à refleurir si on la déménage.

Associations

Isolées ou plantées dans des massifs ou en potée, les pivoines font toujours de l'effet ! Leurs teintes s'associeront bien avec le feuillage grisé des artichauts et cardons, derrière des touffes d'houttuynia ou d'œillets mignardises.

Gastronomie

Les fleurs peuvent se consommer entières comme au Japon, à la manière d'un légume, et servir d'accompagnement. Si on craint l'amertume, il faudra retirer étamines et pistils et ne cuisiner que les pétales, dont on éliminera la base charnue. Ces derniers ont un goût relevé et parfumé différent suivant les variétés : ils se dégustent crus en salade et crudités diverses, ou cuits, en beignets salés ou sucrés, en sirop, en confiture ou en gelée. La pivoine officinale est aussi une plante médicinale.

Précautions

Ne pas confondre la pivoine herbacée, qui disparaît complètement l'hiver, avec la pivoine arbustive (*Paeonia suffruticosa*), qui est caduque mais dont les branches lignifiées subsistent à la mauvaise saison ; cette belle pivoine ne se consomme pas.

La primevère des jardins

Primula × polyantha

Symbole du printemps et du renouveau de la nature, la primevère égaie l'hiver, régalant nos yeux par ses fleurs multicolores, mais aussi nos papilles !

Présentation

Plante vivace herbacée originaire d'Europe, la primevère des jardins se décline en de multiples espèces et variétés horticoles ; la plus connue et la plus utilisée est *Primula polyanthus*, qui arbore toute la palette de l'arc-en-ciel. Cette Primulacée développe une rosette de feuilles ovales et gaufrées au centre desquelles apparaissent ses fleurs disposées en bouquet, parfois dès décembre. Ses fleurs peuvent avoir un léger arôme. La floraison perdure jusqu'aux chaleurs, en mai-juin.

Culture

On peut semer la primevère (de mai à juillet), mais il est plus facile de repiquer des plants, d'autant que l'on pourra choisir la couleur. Ne craignant pas le froid, la primevère se plante d'octobre à mars en pot comme au jardin, dans une terre fraîche et drainante, riche en humus. L'exposition ira de l'ombre à la mi-ombre. La division des touffes se fait au printemps. Elle peut vivre plusieurs années.

Associations

On associe très souvent les primevères aux pensées à grosses ou petites fleurs, que ce soit en pot ou au jardin. Elles seront aussi mises en valeur avec des soucis, des jacinthes, des tulipes ou des pâquerettes et, côté sauvages, avec la roquette ou le diplotaxe avec ses prolifiques fleurs blanches. En rocaille, les nombrils-de-Vénus ajouteront une note verte à l'ensemble.

Gastronomie (cf. recette p. 284)

Feuilles et fleurs de la primevère s'utilisent en cuisine. Les jeunes feuilles tendres, aromatiques et au goût légèrement piquant, peuvent être ajoutées dans les salades. On peut également les cuire pour réaliser des soupes, des farcis, des terrines, des gratins… Les fleurs (sans leur pédoncule), à la saveur douce et légèrement parfumée, orneront crudités, salades salées ou sucrées et desserts divers. On les utilise également en mousse, gelée, infusion, sauce, sirop ou vin. Elles se cristallisent aussi très bien.

Précautions

Les primevères sauvages, comme la primevère acaule (*P. vulgaris*), la primevère élevée (*P. elatior*) et le coucou (*P. officinalis*), sont pareillement comestibles. Attention aux personnes sensibles, car les feuilles de certaines primevères contiennent de la primine, une substance irritante.

En haut : Primevères des jardins aux teintes pastel. En bas : hybride à feuilles et fleurs frisottées.

La rose trémière

Althaea rosea
Passerose, rose en bâton

Facile à vivre, la rose trémière apporte son charme champêtre au jardin. Cette grande Malvacée se retrouve dans nos assiettes à l'instar de sa parente la mauve sauvage.

Présentation

Plante vivace souvent cultivée en bisannuelle, la rose trémière pousse d'abord en touffe de grandes feuilles alternes et lobées, semi-persistantes ou caduques suivant le climat. Elle dresse ensuite une ou plusieurs tiges ligneuses pouvant atteindre 2 m, sur lesquelles apparaissent de grandes fleurs simples ou doubles, en coupe ou en pompon, de juin aux gelées. Les couleurs chatoyantes vont du blanc au noir en passant par toutes les couleurs de l'arc-en-ciel hormis le bleu. Les fruits, composés de carpelles accolés et entourés de sépales, remplacent peu à peu les fleurs ; comme chez la mauve, on les appelle fromageons.

Culture

Rustique jusqu'à – 25 °C, la rose trémière demande un bon ensoleillement, et surtout un sol bien drainé afin d'éviter le pourrissement des racines. Elle apprécie les sols riches et calcaires mais peut se ressemer au gré de ses envies dans un talus ou au bord d'un chemin. Les semis se font en été pour une floraison l'année suivante. On peut également la planter à partir de godets, généralement au printemps. Attention, une fois installée, la rose trémière déteste être déplacée, ses racines s'enfonçant très profondément en terre.

Associations

En arrière-plan d'un massif, les roses trémières apporteront de la hauteur et leurs touches colorées ; elles se marient bien aux achillées, aux cosmos et autres annuelles estivales. Plantées devant un laurier-sauce (à condition que le terrain ne soit pas humide), elles seront protégées des charançons, qui sont friands de leurs graines.

Gastronomie

Les jeunes feuilles se mangent crues ou se cuisinent comme un légume vert. Contenant du mucilage, elles sont de saveur douce, tout comme les fleurs. Ces dernières peuvent servir de réceptacles à des crèmes, des crudités en mayonnaise, des bouchées apéritives et même pour des mignardises en dessert. Leurs pétales se rajoutent aussi aux salades, taboulés et rouleaux de printemps. Les très jeunes fromageons se croquent crus ou cuits une fois que l'on en a ôté les sépales.

Précautions

Comme toutes les Malvacées, la rose trémière est souvent attaquée par la rouille ; ses feuilles sont alors impropres à la consommation.

Les rosiers

***Rosa* spp.**

Qui n'a pas craqué une fois devant le parfum d'une rose ou devant son exceptionnelle beauté ? Façonnée depuis des millénaires, la rose est aussi intéressante en cuisine !

Présentation

Membre de la très nombreuse famille des Rosacées, le rosier est issu d'un long travail d'hybridation à partir de la centaine de rosiers sauvages (églantiers) existant de par le monde. Il y en a donc pour tous les goûts, que ce soit par la taille (du nain au rosier liane), la couleur (absolument toutes hormis le bleu), la floraison remontante ou pas, la forme et le nombre de pétales et d'épines, ou encore le parfum, qu'il soit puissant ou inexistant. La floraison se produit en avril-mai, parfois jusqu'au début de l'hiver pour les remontants.

Culture

Affectionnant une exposition ensoleillée pour une floraison abondante, les rosiers, suivant les variétés, se plantent aussi bien en pot qu'au jardin. Rosiers miniatures, rosiers couvre-sol, rosiers buissons et petits grimpants sont les seuls qui acceptent de ne pas être en pleine terre. Rustiques (jusqu'à – 20 °C), ils peuvent être plantés toute l'année sauf en période de gel. Tous apprécient un sol plutôt lourd mais bien drainé, frais en été. Engrais et compost s'apportent au printemps, ainsi qu'en juillet pour les remontants. La taille se fait après la floraison. Les rosiers se bouturent en août-septembre.

Associations

Mis à part les nains qui se placent en premier plan d'un massif, les rosiers sont plutôt à placer en arrière-plan, au milieu ou derrière des annuelles comme les cosmos, les nigelles ou les lunaires ainsi que des vivaces comme le centranthe, l'estragon du Mexique, la lavande, les œillets et le fenouil sauvage ou encore des bulbeuses comme la tulipe et les ails. On pourra jouer sur des tons en camaïeu ou sur des contrastes de couleurs selon les envies. Certains rosiers comme les lianes, les arbustifs ou *Rosa rugosa* peuvent être introduits dans les haies.

Gastronomie

Ce sont les pétales (après en avoir retiré la base plus claire, qui est amère) que l'on déguste chez les rosiers, ainsi que leurs fruits, les cynorrhodons, à l'instar de l'églantier. Les plus goûteux et les plus gros sont ceux de l'espèce *R. rugosa*. Les pétales, de préférence ceux des variétés parfumées, s'utilisent en infusion dans les boissons alcoolisées ou non, dans les crèmes, en gelée, dans les pâtisseries. Séchés et moulus, ils peuvent aussi être intégrés dans diverses préparations salées ou sucrées.

Précautions

Attention aux épines ! Comme pour toutes les autres plantes, n'utiliser que des fleurs non traitées.

En haut : rosier liane jaune *R. banksiae* 'Lutea'. En bas : rosier 'Gertrude Jekyll'.

La sauge ananas

Salvia elegans* et *S. rutilans

Très belle plante ornementale aux fleurs rouge écarlate, la sauge ananas étonne avec l'extraordinaire parfum d'ananas qui se dégage de ses feuilles et de ses fleurs.

Présentation

Il existe deux espèces assez similaires de sauge ananas : *Salvia rutilans*, au port plus trapu et qui fleurit très généreusement, et *S. elegans*, plus élancée, dont certains cultivars possèdent des parfums différents (de melon pour 'Honey Melons' et d'agrume pour 'Tangerine'). Toutes sont des vivaces herbacées arbustives pouvant parfois atteindre 1,50 m de haut. Sur les tiges quadrangulaires et pubescentes, de grandes feuilles poilues un peu rugueuses poussent de façon opposée. Ces Lamiacées sont aromatiques et sentent franchement l'ananas lorsqu'on les froisse. La floraison mellifère se compose de longues fleurs étroites rouge écarlate ; elle se produit de septembre aux gelées, puis en avril-mai.

Culture

D'origine mexicaine, cette sauge doit être protégée l'hiver, car elle gèle dès – 7 °C. En pot comme au jardin, il lui faut un sol drainant et léger, riche, ainsi qu'un arrosage en cas de sécheresse estivale. Elle apprécie le plein soleil et supporte la mi-ombre (elle aura alors tendance à s'allonger pour rechercher la lumière). On peut la semer, la bouturer ou prélever des repousses au pied pour la multiplier.

Associations

Les feuillages gris-vert des artichauts, de l'arroche maritime ou de la lavande s'accordent bien avec le vert et le rouge de la sauge ananas. En l'associant avec l'or du grand tagète de Lemmon ou celui de l'estragon du Mexique, ce sera l'embrasement dans les plates-bandes !

Gastronomie (cf. recettes p. 317 et 324)

Outre des vertus digestives, les feuilles de cette sauge pourront aromatiser viandes et poissons, crèmes et sauces salées ou sucrées, tisanes et boissons diverses. Quand elles sont tendres, on peut également les ciseler pour parfumer crudités et salades de fruits. Les fleurs, qui ont également cette saveur d'ananas, se consomment de la même manière.

Précautions

Même si elle possède des vertus médicinales, on doit éviter de consommer régulièrement sa tisane de feuilles, afin d'éviter des effets indésirables.

Le sédum spectabile

Hylotelephium spectabile
Sédum remarquable, orpin des jardins

Spectaculaire lorsqu'il fleurit, le sédum spectabile mérite bien sa dénomination de plante succulente puisqu'il nous régale de ses délicieuses feuilles charnues !

Présentation

Faisant partie de la grande famille des Crassulacées, le sédum spectabile est originaire des montagnes de Chine et de Corée. C'est une vivace caduque aux tiges dressées et ramifiées pouvant atteindre 60 cm de haut. Ses feuilles charnues, généralement de couleur vert jade, sont à faible denture. Il fleurit de l'été à l'automne en corymbes de fleurs étoilées blanches, roses ou pourpres. En séchant, elles deviennent marron et restent très décoratives.

Culture

Voilà une plante ornementale et comestible sans problème, résistante à la sécheresse et aux embruns comme au gel (jusqu'à – 15 °C) ! Ce sédum se plaît dans une terre peu riche, bien drainée et au soleil, en pot comme en pleine terre. Caduc, il disparaîtra l'hiver pour réapparaître au printemps. Ses tiges se bouturent facilement en automne.

Associations

On peut se contenter de grosses potées de sédum spectabile à feuilles et fleurs différentes (comme 'Elsie's Gold', aux feuilles panachées) ou les marier avec d'autres plantes, comme les achillées. Au printemps, leurs rosettes de jeunes feuilles seront du plus bel effet au milieu de vos primevères, pensées et œillets nains !

Gastronomie (cf. recettes p. 280 et 286)

Riches en vitamine C, les feuilles et les jeunes tiges du sédum spectabile sont croquantes et juteuses, de saveur douce, comparable à celle du pois gourmand avec une légère pointe d'amertume. Elles sont une excellente base pour les salades et les crudités. Elles se cuisinent également en beignet ou incorporées dans des soupes, des gratins…

Précautions

Ne pas confondre le sédum spectabile, qui appartient au genre *Hylotelephium*, avec les véritables *Sedum*, sauvages comme cultivés, qui ne lui ressemblent pas (ils ne possèdent pas ses grandes feuilles charnues caractéristiques).

Le souci

Calendula officinalis
Souci des jardins, fleur des calendes, calendula

Quel drôle de nom pour cette jolie fleur ressemblant à un soleil et qui illumine nos plates-bandes ! Car, loin de causer du tort, elle est bénéfique pour les autres plantes, pour notre santé et dans notre assiette !

Présentation

Plante annuelle commune de la famille des Astéracées, le souci est originaire d'Europe méridionale. Il pousse en touffe buissonnante composée de feuilles alternes, glanduleuses et aromatiques. La floraison se produit d'avril aux gelées mais peut se prolonger l'hiver en climat doux. Les fleurs sont simples ou doubles et vont du jaune pâle à l'orange foncé suivant les variétés. Certaines ont un cœur brun foncé.

Culture

Facile à cultiver, le souci se sème au printemps. Peu exigeant quant à la nature du sol, il peut être planté en pot ou en pleine terre, de préférence au soleil pour une meilleure floraison. En climat doux, il peut résister plusieurs saisons. Il se ressème spontanément.

Associations

Le souci est une plante médicinale qui a aussi la particularité de faire du bien au jardin, car il améliore la texture du sol par l'intermédiaire de ses racines et éloigne pucerons et aleurodes. Dans le potager, c'est le compagnon idéal des fraisiers, des framboisiers, des ails, des oignons, des poireaux, des pommes de terre ou des tomates. Ses belles couleurs trouveront place auprès des pensées, des violettes, de la bourrache et des primevères ou encore des jacinthes violettes.

Gastronomie (cf. recette p. 281)

Ce sont essentiellement les fleurs et les boutons floraux qui sont utilisés en cuisine. Le souci séché a longtemps servi de colorant alimentaire, remplaçant avec succès le safran si onéreux. Les pétales frais se rajoutent aux préparations salées ou sucrées en apportant une saveur poivrée et épicée. Les boutons floraux peuvent être confits dans le vinaigre. Quant aux feuilles, on peut en parsemer quelques-unes dans les salades.

Note

Il existe un petit souci sauvage, le souci des champs (*Calendula arvensis*), aux fleurs jaune orangé d'un diamètre de 1,5 cm maximum, qui peut être utilisé de la même manière.

En haut : fleur de souci cultivé. En bas : le petit souci des champs (sauvage).

La taline

Talinum paniculatum
Bijoux d'Ophar

Voici une jolie plante à la floraison élégante, peu connue et qui mérite le détour ! En effet, la belle est non seulement décorative et comestible, mais aussi médicinale.

Présentation

Vivace à racine tubéreuse de la famille des Portulacacées, ltaline, originaire d'Amérique centrale et du Sud, est cultivée aussi en Asie comme légume et plante médicinale (propriétés émollientes, béchiques et antiscorbutiques). Elle pousse en touffe de feuilles vertes succulentes et un peu épaisses, et ses tiges ramifiées peuvent atteindre 60 cm. La taline fleurit en été, mais suivant le climat sa floraison apifère peut se prolonger en automne. Les petites fleurs roses sont regroupées en panicules sur de longues tiges rougeâtres.

Culture

En pot comme en pleine terre, la taline est facile à cultiver ; il lui faut une terre drainée, riche et un peu humide, en plein soleil ou à la mi-ombre. C'est une plante peu rustique (jusqu'à – 5 °C), il faudra donc la protéger contre le froid ou l'hiverner. Elle se sème au printemps et en automne, mais on peut également la bouturer au printemps avec des tiges ligneuses. Elle se ressème spontanément si la situation lui convient.

Associations

Idéale pour les jardins de rocaille, en bordure de massif ou en potée, taline fera bon ménage avec des alyssons ou des tulbaghias, devant des rosiers ou des roses trémières.

Gastronomie

Comme pour le pourpier, qui fait partie de la même famille, on se régalera des feuilles de taline à la saveur douce, jamais amère même lorsque la plante est en fleur. On peut les consommer dans les crudités, en salade ou dans des sandwichs, mais aussi les cuire en soupe, en gratin, en ragoût…

Précautions

La taline peut se révéler envahissante, surtout en climat chaud. Chez nous, il suffira pour la contenir de la consommer ! Les feuilles crues contiennent de l'acide oxalique : modérer sa consommation en cas de problèmes rénaux.

Le tulbaghia

Tulbaghia violacea
Tulbaghie, ail violet d'Afrique du Sud

Facile à vivre et très décoratif, le tulbaghia est de plus en plus présent dans les massifs de fleurs. Avec son puissant arôme d'ail, c'est aussi une excellente plante comestible.

Présentation

Vivace bulbeuse originaire d'Afrique du Sud, le tulbaghia pousse en touffe de longues feuilles rubanées pouvant atteindre 40 cm de haut. Les feuilles, très aromatiques, sont vertes mais certains cultivars possèdent un feuillage vert marginé de blanc crème. La floraison se produit sur de longues tiges dépassant souvent le feuillage ; en climat doux, elle démarre en mai et s'arrête aux gelées. Les fleurs, mauves, roses ou blanches, sont regroupées en petites ombelles et attirent les insectes pollinisateurs.

Culture

Le tulbaghia pousse en pot comme en pleine terre où, planté en masse, il prendra toute sa dimension. On le cultivera au soleil ou à la mi-ombre dans une terre bien drainante, fertile et fraîche même si le tulbaghia résiste bien à la sécheresse. Il est rustique jusqu'à – 10 °C ; en deçà, penser à le protéger, le feuillage disparaissant avec les gelées. Il peut se naturaliser en se ressemant et former de grosses touffes qu'il est possible de diviser au printemps.

Associations

Leur odeur n'étant pas appréciée des pucerons, les tulbaghias seront utiles et aussi très jolis devant des rosiers, mêlés à des cléomes ou des cosmos par exemple. Toujours dans des camaïeux de mauve ou de rose, on pourra les associer devant des lavatères, des guimauves ou des roses trémières. Plantés en masse, les tulbaghias blancs associés à des feuillages gris comme l'artichaut ou l'hélichryse constitueront de très élégants parterres.

Gastronomie (cf. recettes p. 271, 274 et 290)

Très fort en goût, le tulbaghia a une saveur d'ail puissante et il faut l'utiliser en petite quantité. Les feuilles ciselées se parsèment sur les crudités, les salades, les tartinades… On peut également les cuire pour aromatiser courts-bouillons, viandes, poissons ou légumes divers, ou encore les incorporer dans des pâtes à gougères ou des biscuits apéritifs. Les fleurs, moins aromatiques, décorent et parfument également les plats.

Précautions

Comme pour toutes les Alliacées, ne pas planter le tulbaghia près de Fabacées (comme les haricots ou les petits pois), ces deux familles ne faisant pas bon ménage…

Les tulipes

Tulipa spp.

Cultivée depuis le XVIIe siècle, la tulipe n'est pas seulement une star printanière décorative ; ses pétales se retrouvent dans nos assiettes pour notre plus grand plaisir !

Présentation

La tulipe est une bulbeuse vivace de la famille des Liliacées, qui compte plusieurs milliers de variétés ; qu'elles soient soliflores ou multiflores, leurs pétales jouent sur toute la gamme chromatique et peuvent être frangés ou lisses, simples ou doubles, en forme de lis ou dits « perroquets ». Certaines sont même botaniques et sauvages (espèces généralement protégées). La tulipe produit des feuilles charnues, généralement vert glauque, larges et allongées, avec une ou plusieurs tiges florales rigides. La floraison s'étale de mars à mai suivant les variétés.

Culture

Les bulbes de tulipe se plantent en pot ou en pleine terre de septembre à décembre. Ils se placent pointe dressée vers le ciel dans un trou profond de 10 à 15 cm, dans une terre drainante, légère et riche, en situation ensoleillée. Laisser un intervalle de 10 cm entre chaque bulbe. Ils peuvent rester en place d'une année sur l'autre, mais veiller à marquer leur emplacement pour ne pas risquer un coup de bêche involontaire ! Laissés en terre plusieurs années, ils auront tendance à péricliter. Les graines issues des fleurs peuvent être semées, mais le résultat sera aléatoire et demandera du temps.

Associations

Les tulipes se marient bien avec toutes les fleurs printanières (pensées, primevères, soucis, bourrache…) mais aussi avec des choux (comme le chou « palmier » de Toscane), des oseilles sanguines ou des blettes à carde colorées.

Gastronomie (cf. recette p. 286)

Qu'ils soient simples ou doubles, lisses ou frangés, les pétales multicolores de la tulipe ont une texture un peu croquante et juteuse rappelant l'endive, tout en étant légèrement sucrés. Suivant les variétés, le goût peut varier, à vous de choisir vos favorites ! On les consommera aussi bien crus que cuits, leur couleur faisant merveille dans les salades et les crudités !

Précautions

On consommera uniquement les pétales en prenant soin de retirer étamines et pistils pour éviter d'ingérer le pollen. Les bulbes contiennent des glucosides toxiques, nocifs pour notre santé.

À gauche : tulipe multiflore 'Flaming Club'. En haut à droite : tulipe 'Chaperon rouge'. En bas à droite : tulipes multiflores à fleur double.

Amaranthe

Bugle rampant

Fuchsia

Éphémère de Virginie

Iris d'Allemagne

Autres plantes ornementales comestibles

Il existe bien sûr encore d'autres plantes à la fois décoratives et intéressantes en cuisine. En voici une sélection que vous pourrez ajouter dans vos assiettes (culture ; intérêt décoratif ; utilisation culinaire) :

ALSTRŒMÈRE *Alstroemeria aurantiaca*
pot ou pleine terre · floraison · fleurs, racines

AMARANTES *Amaranthus* spp.
pot ou pleine terre · floraison · fleurs, feuilles, graines

BUGLE RAMPANT *Ajuga reptans*
pot ou pleine terre · joli couvre-sol · feuilles

CANNA COMESTIBLE *Canna edulis*
pleine terre · feuillage et floraison · tubercules

ÉPHÉMÈRE DE VIRGINIE *Tradescantia virginiana*
pot ou pleine terre · feuillage et floraison · fleurs, feuilles, jeunes pousses

FUCHSIAS *Fuchsia* spp.
pot ou pleine terre · floraison · fleurs, fruits

GLYCINES *Wisteria* spp. – cf. chapitre « Les plantes de haie – Arbres, arbustes, plantes grimpantes » p. 38

HIBISCUS *Hibiscus sabdariffa*, *H. syriacus*, *H. rosa-sinensis*
pot ou pleine terre · floraison · fleurs

IRIS D'ALLEMAGNE *Iris germanica*
pot ou pleine terre · floraison · rhizome séché, pétales

LIN CULTIVÉ *Linum usitatissimum*
pot ou pleine terre · floraison · fleurs, graines

Lis de la Madone

Lotus

Pavot

Sauge de Graham

Tagète pumila

Zinnia élégant

LIS *Lilium tigrinum, L. candidum*
pot ou pleine terre floraison fleurs, bulbe cuit

LOTUS *Nelumbo nucifera*
bassin feuillage et floraison rhizome, feuilles, tiges, pétales, graines

MERTENSIE *Mertensia maritima*
pot ou pleine terre feuillage et floraison fleurs, feuilles

MONARDE *Monarda didyma*
pot ou pleine terre floraison fleurs, feuilles

PAVOT D'ORNEMENT *Papaver somniferum*
pot ou pleine terre floraison fleurs, feuilles, graines

PHLOX PANICULÉ *Phlox paniculata*
pleine terre floraison fleurs

PLATYCODON *Platycodon grandiflorus*
pot ou pleine terre floraison fleurs

PONTÉDÉRIE CORDÉE *Pontederia cordata*
bassin feuillage et floraison jeunes feuilles, graines

SAUGE DE GRAHAM *Salvia microphylla*
pot ou pleine terre feuillage et floraison fleurs – cf. chapitre « Belles aromatiques et médicinales » p. 194

SAXIFRAGE ARAIGNÉE *Saxifraga stolonifera*
pot ou pleine terre feuillage et floraison jeunes feuilles

TAGÈTES *Tagetes tenuifolia* var. *pumila*, *T. lemmonii*
pot ou pleine terre floraison fleurs, feuilles

VIOLETTE ODORANTE *Viola odorata* – cf. chapitre « "Mauvaises" herbes et belles sauvageonnes » p. 262

ZINNIA ÉLÉGANT *Zinnia elegans*
pleine terre floraison pétales

Chapitre III

Les potagères décoratives

Avoir un jardin d'agrément entièrement comestible ne dispense évidemment pas d'y inclure quelques légumes. Beaucoup de plantes potagères sont en effet extrêmement esthétiques et peuvent se mêler avec bonheur aux plantes ornementales, ce qui n'enlève en rien leurs vertus culinaires ! L'idée n'est pas neuve puisque dès la Renaissance les jardins d'ornement des châteaux ou des grands domaines ont utilisé ces légumes décoratifs. Aujourd'hui, ils s'installent de plus en plus dans nos jardins dits « contemporains » et dans nos villes, les paysagistes ayant été séduits par leur graphisme raffiné et leur beauté. Du feuillage argenté et si bien découpé de l'élégant artichaut à ceux, tout aussi décoratifs de la patate douce avec son vert pistache ou son pourpre, des superbes choux brocoli ou romanesco, des cardes colorées ou de l'oseille sanguine aux feuilles marbrées, le choix est vaste ! Sans parler de la floraison de certains légumes, qui n'a quelquefois rien à envier aux fleurs ornementales : du chou-fleur aux variétés jaunes ou violettes en passant par les majestueux tournesols, les splendides fleurs du safran ou du haricot d'Espagne...

Outre le côté esthétique, il faut aussi savoir que l'association entre certains légumes et certaines fleurs peut être bénéfique pour les uns comme pour les autres ; ainsi, les choux apprécient la compagnie des aromatiques (thym, sarriette, sauge, romarin) ou celle des tagètes et des cosmos qui repoussent altises et piérides. Sans parler du souci, qui est l'ami des fraisiers, framboisiers, des Alliacées, des tomates ou des épinards. Bien sûr, le rendement de ces légumes, s'ils ne font que ponctuer le jardin, sera moindre que dans un potager classique. Mais cela sera largement compensé par le fait qu'ils seront environnés de plantes et de fleurs tout aussi comestibles, variant ainsi la composition de vos menus...

À vous maintenant de découvrir notre petite sélection et de la compléter selon vos envies !

L'artichaut et le cardon

Cynara scolymus* et *C. cardunculus

Le cardon et son descendant l'artichaut trouvent naturellement leur place au jardin d'ornement avec leurs feuilles argentées si graphiques et leurs spectaculaires fleurs violacées.

Présentation

Imposantes plantes potagères vivaces de la famille des Astéracées, l'artichaut et le cardon se reconnaissent à leurs grandes feuilles gris argenté très découpées. Le cardon peut atteindre 2 m de hauteur, contre 1,50 m pour l'artichaut, mais ses feuilles sont un peu plus petites et plus pointues, ses capitules sont également plus petits. Généralement épineux, le cardon peut aussi être inerme suivant les variétés. La floraison se produit de juin à octobre selon la date de plantation et le climat. Les gros capitules portés par une tige rigide se composent de grandes écailles coriaces entourant des inflorescences rose-violet, très attractives pour les insectes.

Culture

L'artichaut et le cardon se cultivent en pleine terre, dans un sol riche en matières organiques, drainant et bien ensoleillé. On les plante au printemps après les gelées, même si le cardon peut résister jusqu'à – 8 °C. Tous deux ont l'avantage de pouvoir rester en place plusieurs années (penser à les pailler en hiver). Le cardon se multiplie par semis tandis que l'artichaut se propage par drageons appelés œilletons.

Associations

Leur grand et beau feuillage argenté fera merveille en fond de massif de vivaces et d'annuelles, tout comme leurs beaux capitules violets. Prévoir de la place pour leur développement avant de planter les autres fleurs.

Gastronomie

Ce sont bien sûr les boutons floraux de l'artichaut qui sont traditionnellement consommés, crus ou cuits. Ceux du cardon sont également comestibles, même si cette plante est généralement cultivée pour la consommation de ses cardes (la base de ses grands pétioles externes que l'on met à blanchir en les privant de lumière à la reprise de la végétation).

Précautions

Éviter de les planter près du persil et des fenouils, qui peuvent gêner leur croissance tout comme les autres Astéracées hormis les salades.

En haut : feuilles et boutons floraux d'artichauts. En bas : fleurs et boutons floraux de cardons.

La blette à carde colorée

Beta vulgaris var. *cicla*
Poirée, bette, carde

Splendide légume décoratif, la blette à carde colorée se retrouve de plus en plus souvent au jardin d'agrément, où elle rivalise de couleurs avec les plus belles fleurs.

Présentation

Bisannuelle de la famille des Chénopodiacées, cette blette se distingue de la blette à carde traditionnelle par la couleur vive de ses solides pétioles. Ceux-ci, qu'on appelle également côtes, peuvent arborer différentes couleurs, du crème au jaune en passant par le rouge vif ou le rose magenta. Le limbe des feuilles peut être vert clair, vert foncé ou pourpre. La plante forme une touffe de larges feuilles arrondies, luisantes et gaufrées. La floraison se produit la deuxième année et est sans intérêt sauf si l'on veut récupérer des graines. Éliminer la hampe florale permet de prolonger la durée de vie de la plante.

Culture

La blette à carde nécessite une terre riche, profonde et fraîche en situation ensoleillée. Un apport de fumure à l'automne lui est profitable. Les graines se sèment en avril-mai, par poquets de 2 ou 3 graines recouvertes d'un peu de terreau. Elles se repiquent lorsqu'elles ont 3 ou 4 feuilles. Arroser régulièrement pour éviter une montée en graine prématurée. Attention à l'appétit des gastéropodes voraces !

Associations

Avec ses feuilles aux pétioles spectaculaires, cette blette se retrouve maintenant fréquemment dans les massifs de fleurs où elle s'associe à merveille à leurs couleurs : hémérocalles, cosmos, soucis, tagètes, dahlias, glaïeuls…

Gastronomie (cf. recettes p. 296 et 322)

Cette blette se cuisine de la même manière que la blette traditionnelle : crue en salade lorsqu'elle est très jeune et cuite dans différents plats comme le fameux gratin à la béchamel, en soupe, en tarte, en omelette… Les feuilles peuvent aussi servir pour réaliser des desserts comme la savoureuse tourte de blettes niçoise, la *tourta de bléa*, confectionnée avec des pignons et des raisins secs. Les pétioles colorés se consomment bien sûr également.

Précautions

Une rotation de sa culture avec des plantes riches en azote (comme les Fabacées par exemple) doit être faite, car la blette épuise le sol.

Les choux

***Brassica oleracea* sspp.**
Chou d'ornement, chou kale, chou rouge, chou perpétuel Daubenton…

Qu'il soit potager ou d'ornement, le chou aux multiples variétés est aussi beau que bon à manger. Ses qualités esthétiques ont conquis les paysagistes d'aujourd'hui ; on le retrouvera ainsi dans nombre de jardins d'agrément !

Présentation

Les choux font partie de la grande famille des Brassicacées, qui comporte beaucoup de plantes comestibles. Eux-mêmes se divisent en de multiples variétés allant des choux pommés potagers classiques (chou vert, chou frisé, chou rouge, chou-fleur blanc ou coloré, brocoli, romanesco…) aux choux d'ornement qui se mangent également (mais oui !), en passant par des atypiques comme le très en vogue chou kale, aux superbes feuilles frisottées, ou le graphique chou 'Noir de Toscane' avec son toupet en forme de palmier. Ces plantes bisannuelles très décoratives aux couleurs variées ont le bon goût d'être au summum de leur splendeur en hiver lorsque le jardin nous semble bien dénudé…

Culture

Mis à part le chou de Bruxelles, les choux demandent une terre riche, fumée et azotée. Ils apprécient les sols profonds, frais à tendance calcaire et ensoleillée. Semés au printemps, ils se repiquent un mois après la levée. Ils s'installent ensuite au jardin à la fin de l'été, où il faudra prendre soin de les enterrer profondément. On peut les laisser fleurir au printemps suivant (pour les insectes comme pour notre assiette !). Éviter de planter ces gourmands au même endroit chaque année.

Associations

Les choux d'ornement aux multiples couleurs seront très jolis avec des plantes au feuillage grisé comme les lavandes, l'artichaut ou l'arroche maritime. Tous les choux, qu'ils soient pommés ou non, peuvent aussi se retrouver dans des massifs colorés, auxquels ils apporteront leur note graphique ! Les choux aiment la proximité des tagètes, des cosmos, des capucines, des géraniums et des plantes aromatiques.

Gastronomie

Riches en antioxydants, en calcium et en vitamines, les choux sont aussi bons pour notre santé ! Que l'on mange leurs feuilles, leurs bourgeons floraux surdimensionnés (brocoli, romanesco), leur méristème préfloral (chou-fleur) ou leurs petites fleurs jaunes, on trouvera toujours une délicieuse recette pour se régaler, des crudités au plat chaud !

Précautions

Ne pas les installer près de l'ail ou des fraisiers.

En haut à gauche : la jolie rosace bleutée d'un chou rouge. En haut à droite : le « palmier » d'un chou 'Noir de Toscane'. En bas : choux kales et chou rouge en compagnie de salades, de blette à carde colorée, de primevères et de pensées.

Le haricot d'Espagne

Phaseolus coccineus

Haricot-fleur, ayocote

Plante décorative aussi bien que potagère, le haricot d'Espagne est une belle grimpante d'origine mexicaine qui recouvrira tonnelles et pergolas avec charme et générosité.

Présentation

Plante vivace à racine tubéreuse de la famille des Fabacées, le haricot d'Espagne est plutôt utilisé chez nous en annuelle en raison de sa faible rusticité. Il produit des tiges volubiles pouvant s'étendre jusqu'à 4 m de long. Au milieu d'un abondant feuillage caduc vert et frais, la floraison se produit tout l'été, composée de grappes de fleurs rouge écarlate (orange ou orange et blanc pour certaines variétés). Elles produiront ensuite de longues gousses contenant des graines plus ou moins mouchetées.

Culture

Les semis se font en place d'avril à mai (faire tremper les graines 24 heures au préalable) en poquets de 3 ou 4 graines. Le haricot d'Espagne demande un sol riche, drainant et ensoleillé. Penser aux tuteurs, indispensables pour cette plante volubile. En climat doux, on peut tenter de la garder à l'année à condition de la pailler suffisamment pendant les périodes froides.

Associations

Le haricot d'Espagne est généralement utilisé pour recouvrir tonnelles, grillages ou clôtures. On peut lui associer la capucine grimpante pour un effet chaud et coloré, un rosier de Banks ou une glycine qui lui serviront de support.

Gastronomie

Quasiment tout se mange chez ce haricot, hormis le feuillage ! La racine charnue était traditionnellement consommée cuite par les Indiens d'Amérique centrale. Les fleurs décorent joliment les plats chauds ou les crudités, les jeunes gousses se dégustent à la manière des pois gourmands. Les grains matures se cuisinent comme n'importe quel haricot sec.

Précautions

Attention si vous vous lancez dans la cuisine de ses racines, qui demandent un traitement spécial pour être comestibles : il faut en retirer la peau et les cuire une première fois, puis jeter l'eau de cuisson avant de les cuisiner !

L'oseille sanguine

Rumex sanguineus
Oseille marbrée, patience sanguine

Très décorative avec ses belles nervures rouges, l'oseille sanguine est aussi bien appréciée au jardin ornemental et en permaculture que dans les assiettes.

Présentation

De la famille des Polygonacées comme toutes les oseilles, l'oseille sanguine se distingue de ses sœurs par ses belles feuilles vertes veinées de rouge-pourpre. C'est une vivace au feuillage aromatique semi-persistant, rustique jusqu'à – 17 °C. Elle pousse en touffe de feuilles oblongues pouvant atteindre 30 cm de long. Sa floraison sans intérêt décoratif se produit en été. Si elle se plaît, elle se ressème facilement.

Culture

L'oseille sanguine se cultive en pot comme en pleine terre dans un substrat humifère, frais, de préférence riche et peu calcaire, au soleil ou à la mi-ombre. Supprimer les hampes florales permettra de ne pas épuiser la plante et de l'inciter à créer de nouvelles pousses. Penser à la pailler et à bien l'arroser l'été pour garder le sol frais. En hiver, les feuilles disparaîtront pour réapparaître au printemps. Elle se multiplie par division de touffe ou par semis au printemps.

Associations

L'oseille sanguine sera très jolie en bac ou en massif, associée à des plantes appréciant les terrains frais comme les hostas, la monarde, les bégonias, les dahlias ou l'estragon du Mexique. On pourra également la placer près de menthes en veillant à ce que celles-ci ne prennent pas trop d'ampleur.

Gastronomie

L'oseille sanguine a un goût acidulé moins prononcé que celui de l'oseille traditionnelle. Les feuilles devront être récoltées au fur et à mesure des besoins car, fraîche, elle se conserve mal. On peut par contre la congeler. Les très jeunes feuilles se rajoutent aux crudités et aux mescluns. Plus âgées, on les cuisine pour garnir les omelettes, aromatiser les sauces accompagnant le poisson ou les soupes.

Précautions

La consommation des oseilles, riches en acide oxalique, est déconseillée aux personnes souffrant de calculs rénaux.

La patate douce

Ipomoea batatas
Ipomée batatas

D'origine sud-américaine, la patate douce se décline en de multiples variétés aux feuillages variés et très décoratifs qui se consomment, tout comme les tubercules.

Présentation

De la famille des Convolvulacées, la patate douce n'a donc rien à voir avec la pomme de terre si ce n'est qu'on la cultive pour la consommation de ses tubercules. Il existe plusieurs variétés, les potagères étant plus savoureuses que les ornementales. Toutes produisent des tiges rampantes pouvant atteindre plusieurs mètres de long. Leurs feuilles peuvent être entières, cordiformes ou trilobées en multiples coloris : vert, vert-jaune, pourpre, bicolore ou même tricolore. Plante vivace gélive sous nos climats, elle est cultivée comme une annuelle. Pour cette même raison, il y a peu de chances d'admirer ses fleurs violettes ou blanches, semblables à celles du liseron.

Culture

La patate douce se plante au printemps après les gelées, en grand pot ou en pleine terre dans une terre drainante, riche en humus et profonde. Elle préférera le plein soleil mais se satisfait aussi de la mi-ombre. Elle appréciera un bon arrosage l'été et un apport en potasse. La récolte des tubercules se fait quand le feuillage commence à jaunir.

Associations

Les feuilles jaune-vert de certaines variétés font merveille avec le feuillage pourpre de la périlla ou du basilic perpétuel, ainsi qu'avec des fleurs violettes comme celles des nepetas. On peut utiliser la patate douce comme couvre-sol en pleine terre ou comme plante retombante en suspension.

Gastronomie (cf. recettes p. 304 et 311)

Les feuilles et les tiges se consomment cuites comme les épinards ; elles sont fondantes, un brin mucilagineuses, et apportent vitamines et minéraux.

Les tubercules, épluchés ou non, au goût évoquant la châtaigne et aux notes sucrées, se mangent cuits en plats salés comme sucrés.

Précautions

Le tubercule de la patate douce ne se consomme que cuit. Les meilleures variétés gustatives sont celles à la peau orange-rouge.

Le safran

Crocus sativus
Crocus à safran

Originaire du Moyen-Orient, le safran est une jolie bulbeuse à fleur violette très décorative qui produit une des épices les plus chères au monde...

Présentation

Comme ses cousins le colchique et le crocus, le safran est une bulbeuse de la famille des Iridacées. Ses feuilles fines et linéaires sortent du sol à la fin de l'été ou en automne avec les fameuses fleurs violettes dont le pistil porte 3 filaments rouges (appelés stigmates). Laissé en terre, le safran forme une touffe de feuilles et autour de son bulbe s'agglomèrent alors plusieurs petits caïeux. Les fleurs ont une durée de vie brève (48 heures maximum) et se renouvellent durant 2 à 4 semaines. Le feuillage disparaît en hiver.

Culture

Le safran se cultive généralement en pleine terre, mais aussi dans de grands pots. Ses bulbes se plantent pointe en haut à 10 ou 15 cm de profondeur dans un sol léger et drainant en plein soleil, de juillet à mi-août. La floraison se produit 1 à 2 mois plus tard. On peut laisser les bulbes en place. Ils se divisent tous les 3 ou 4 ans et se replantent ailleurs pour ne pas épuiser le sol.

Associations

Sa culture productive nécessite que l'on désherbe autour de lui, mais pour une utilisation ornementale, on pourra lui associer d'autres plantes en acceptant une floraison moindre. Le safran est très décoratif planté en masse dans des pots ainsi qu'en rocaille où on pourra lui associer des alyssons mais aussi des aromatiques comme la sarriette ou le serpolet. Il refleurira chaque année.

Gastronomie

On ne consomme évidemment dans le safran que les 3 stigmates rouges du pistil. Prendre garde lors de leur utilisation à leur pouvoir extrêmement colorant ! C'est une épice évidemment incontournable dans la paella, mais elle s'utilise aussi dans nombre de plats salés (légumes, viandes et poissons) ainsi que dans les desserts et les boissons.

Précautions

Attention : hormis les stigmates, toute la plante est toxique ! Ne pas confondre le safran avec des cousins sauvages comme le colchique d'automne ou avec les crocus de printemps qui sont, eux, entièrement toxiques.

Le topinambour

Helianthus tuberosus

Artichaut de Jérusalem, truffe du Canada

Le topinambour est un légume ancien injustement délaissé après une forte consommation durant la Seconde Guerre mondiale. Il est également très décoratif au jardin avec ses fleurs comparables à de petits soleils jaunes.

Présentation

Plante vivace rhizomateuse, le topinambour est une Astéracée nord-américaine rapportée en Europe au XVIIe siècle. Au printemps, de solides tiges poilues sortent de terre, qui pourront atteindre 3 m de haut. Le feuillage vert est ovale et lancéolé, plutôt rugueux et caduc. La floraison arrive en fin d'été, composée de grappes lâches de capitules jaunes ressemblant à des marguerites ou de petits tournesols.

Culture

Plante sans souci, le topinambour s'installe dans n'importe quelle terre du jardin, de préférence au soleil. Il préférera toutefois un sol drainé et poussera encore mieux avec un apport de compost. Les tubercules se plantent de la fin de l'hiver jusqu'en avril, à une profondeur d'environ 10 cm. La récolte s'effectue lorsque le feuillage sèche. Les tubercules peuvent rester sous terre l'hiver (les pailler si les températures descendent fortement) ; ils repartiront au printemps.

Associations

Les topinambours seront très décoratifs plantés en masse en fond de massif. On peut les marier avec des tournesols et des hélianthis (ses cousins), mais aussi en camaïeu avec d'autres fleurs jaunes : glaïeuls, dahlias, tagètes, estragon du Mexique… Ou encore en contraste avec le rouge de la sauge ananas, par exemple.

Gastronomie

Ce sont bien entendu les tubercules du topinambour que nous allons déguster ! Leur délicate saveur d'artichaut se déguste en gratin, en purée, on peut aussi les cuire à la vapeur avant de les couper en salade, ou les sauter dans une jardinière de légumes… Pour les intestins fragiles, rajouter de la sarriette, des feuilles de sauge ou encore du bicarbonate, qui aideront à la digestion. Les pétales jaunes peuvent être rajoutés aux salades.

Précautions

Les tubercules, une fois récoltés, doivent se consommer rapidement, car ils se conservent mal. Le topinambour a un proche cousin, l'hélianthi (*Helianthus strumosus*), qui lui ressemble beaucoup et se consomme pareillement : ses fleurs sont un peu plus petites et plus pâles.

Le tournesol

Helianthus annuus
Soleil

Arrivé du Nouveau Monde et immortalisé par Van Gogh, le tournesol fascine autant par sa beauté que par sa faculté à suivre la course du soleil. Il sera aussi beau au jardin qu'utile en cuisine !

Présentation

Plante annuelle de la famille des Astéracées, le tournesol est cultivé à grande échelle pour la production d'huile. Il existe de nombreuses variétés, des naines (30 cm de haut) aux géantes (près de 4 m !). La floraison estivale se compose de gros capitules généralement jaune d'or à cœur jaune ou brun, mais il existe aussi des hybrides aux « pétales » (en fait des ligules) simples ou doubles et de couleur rouge brique, vieux rose, jaune pâle et même ivoire.

Culture

Les graines se plantent de mars à juillet, en godet ou en place. Le tournesol se repique en pot pour les variétés naines mais la pleine terre est préférable. Il tolère tous les sols mais appréciera un peu de fumier ou de compost bien décomposé. Le soleil est par contre indispensable, tout comme un bon arrosage l'été.

Associations

Tout comme les topinambours, les tournesols seront du plus bel effet en fond de massif ou adossés à une haie. À fleurs simples ou doubles et même en pompon, ils seront toujours très décoratifs et graphiques.

Gastronomie (cf. recettes p. 273, 278 et 298)

Tout le monde connaît son huile, produite grâce à ses graines que l'on peut grignoter nature ou grillées, entières ou émondées. Les graines émondées et torréfiées à la poêle se rajoutent aux salades gourmandes (salées ou sucrées), aux glaces, aux biscuits, aux pains et pâtisseries de toute sorte. Ce que l'on sait moins, c'est que l'on peut également déguster les pétales des jeunes fleurs juste écloses (dans une salade, par exemple), mais aussi les boutons floraux ébouillantés ou cuits à la vapeur (ôter les bractées au préalable), qui ont un arrière-goût d'artichaut !

Précautions

Attention aux limaces et escargots, particulièrement friands des jeunes plants. Il existe aussi des tournesols vivaces comestibles : ce sont les topinambours (*Helianthus tuberosus*) et les hélianthis (*H. strumosus*) ! (Voir fiche « Topinambour » p. 156.)

Fleur de carotte

Fleur de courge

Épinard grimpant de Malabar

Fève

Autres belles potagères

Bien d'autres potagères se prêteront également à l'embellissement du jardin et côtoieront sans problème les plantes ornementales. Voici une petite liste complémentaire pour vous donner quelques idées (culture ; intérêt décoratif ; utilisation culinaire) :

AIL ÉLÉPHANT *Allium ampeloprasum*
pleine terre feuillage et floraison feuilles, bulbes

ANGÉLIQUE OFFICINALE *Angelica archangelica*
pleine terre feuillage et floraison feuilles, pétioles, graines

AUBERGINE *Solanum melongena*
pot ou pleine terre floraison fruits

BETTERAVE *Beta vulgaris* var. *rubra*
pleine terre feuillage fruits, feuilles

CAROTTE *Daucus carota* subsp. *sativus*
pleine terre feuillage feuilles, racines

CRESSON DE PARA *Spilanthes oleracea*
CRESSON DU BRÉSIL *S. fusca*
pot ou pleine terre couvre-sol fleurs, feuilles

CUCURBITACÉES : CITROUILLES, COURGES, COURGETTES, POTIMARRONS... *Cucurbita* spp.
pleine terre couvre-sol ou grimpante fleurs, fruits

ÉPINARD GRIMPANT DE MALABAR *Basella rubra*
pleine terre grimpante feuilles, jeunes pousses

FENOUIL BULBEUX *Foeniculum dulce*
pleine terre feuillage feuilles, racine

FÈVE *Vicia faba*
pleine terre feuillage et fleurs jeunes pousses, gousses, graines

Fraisier

Laitue feuille de chêne

Tomates

FRAISIERS *Fragaria* spp.
pot ou pleine terre · couvre-sol · fruits

HÉLIANTHI *Helianthus strumosus*
pleine terre · feuillage et fleurs · tubercules

LAITUES ET SALADES DIVERSES *Lactuca* spp., *Cichorium* spp…
grand pot ou pleine terre · feuillage · feuilles

MÂCHE *Valerianella locusta*
pot ou pleine terre · feuillage · feuilles

MELON POIRE *Solanum muricatum*
grand pot ou pleine terre · floraison · fruits

OCA DU PÉROU *Oxalis tuberosa*
pleine terre · feuillage et floraison · tubercules, jeunes pousses

TÉTRAGONE CORNUE *Tetragonia tetragonioides*
grand pot ou pleine terre · couvre-sol · feuilles

TOMATES *Solanum lycopersicum*
TOMATES CERISES *S. lycopersicum* var. *cerasiforme*
grand pot ou pleine terre · feuillage et fruits · fruits

YACON, POIRE DE TERRE *Polymnia sonchifolia*
pleine terre · feuillage et floraison · tubercules

Chapitre IV
Belles aromatiques et médicinales

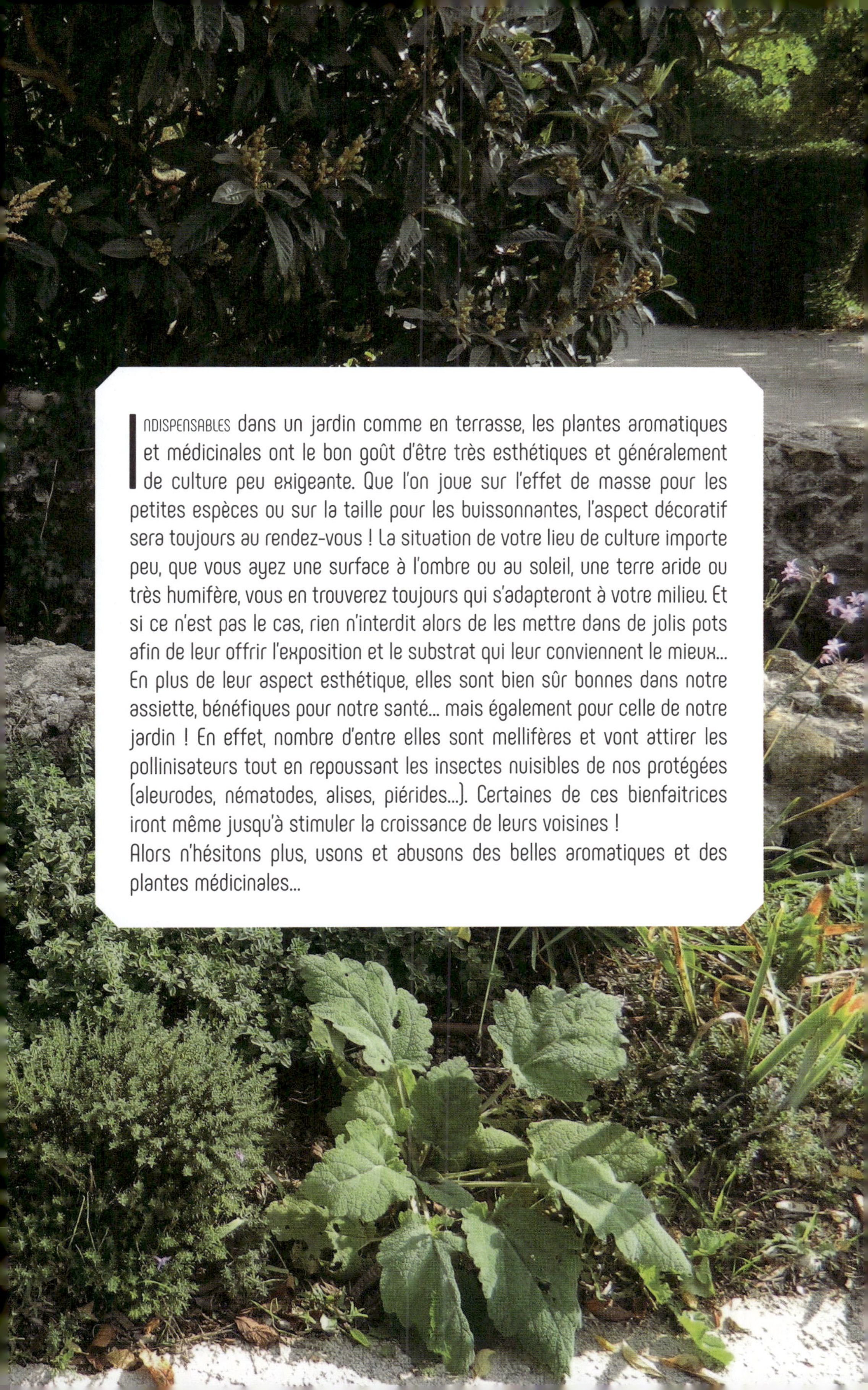

INDISPENSABLES dans un jardin comme en terrasse, les plantes aromatiques et médicinales ont le bon goût d'être très esthétiques et généralement de culture peu exigeante. Que l'on joue sur l'effet de masse pour les petites espèces ou sur la taille pour les buissonnantes, l'aspect décoratif sera toujours au rendez-vous ! La situation de votre lieu de culture importe peu, que vous ayez une surface à l'ombre ou au soleil, une terre aride ou très humifère, vous en trouverez toujours qui s'adapteront à votre milieu. Et si ce n'est pas le cas, rien n'interdit alors de les mettre dans de jolis pots afin de leur offrir l'exposition et le substrat qui leur conviennent le mieux... En plus de leur aspect esthétique, elles sont bien sûr bonnes dans notre assiette, bénéfiques pour notre santé... mais également pour celle de notre jardin ! En effet, nombre d'entre elles sont mellifères et vont attirer les pollinisateurs tout en repoussant les insectes nuisibles de nos protégées (aleurodes, nématodes, alises, piérides...). Certaines de ces bienfaitrices iront même jusqu'à stimuler la croissance de leurs voisines !

Alors n'hésitons plus, usons et abusons des belles aromatiques et des plantes médicinales...

Les agastaches

***Agastache* spp.**
Hysope anisée, menthe-réglisse coréenne

Ornementale, aromatique et médicinale, l'agastache a toutes les vertus ! Facile à vivre, ses jolies fleurs sont en plus mellifères, adoptons-la donc sans hésitation !

Présentation

Originaires d'Asie ou d'Amérique du Nord suivant les espèces, les agastaches sont des plantes aromatiques au parfum d'anis, de réglisse, de menthe ou de bergamote. Les plus connues sont *Agastache rugosa*, la menthe-réglisse de Corée, et *A. foeniculum*, l'agastache anisée. Les agastaches forment des touffes buissonnantes de taille variable aux feuilles caduques, opposées, duveteuses à bords dentés, vertes ou gris-vert suivant les variétés. La floraison s'étale de juin aux gelées en épis de fleurs blanches, roses, mauves, violettes, pourpres ou orange. Leur pollen attire de nombreux insectes.

Culture

Qu'elles soient plantées en pot, en bac ou en pleine terre, les agastaches se cultivent facilement dans un substrat bien drainant, de préférence un peu riche, au soleil ou à la mi-ombre. Arroser régulièrement en début de plantation. Pour les espèces les moins rustiques comme *A. mexicana* et *A. aurantiaca*, prévoir un paillage en hiver. Les agastaches pouvant se ressemer naturellement, laisser 1 ou 2 épis sur chaque plante.

Associations

Avec leur aspect un peu sauvage, les agastaches font merveille dans les jardins naturels, les rocailles et les massifs. Comme elles attirent les pollinisateurs, les planter auprès de fruitiers ou de légumes sera bénéfique.

Gastronomie (cf. recette p. 317)

Indiquées en infusion de feuilles et de fleurs pour les affections des voies respiratoires et les problèmes digestifs, les agastaches se prêtent également aux délices culinaires, que ce soit pour aromatiser les boissons chaudes ou froides, les vinaigrettes et autres sauces, les crèmes, les glaces ou les gâteaux mais aussi les crudités, les salades, les céréales ou les fromages blancs. Pour ce faire, on pourra ciseler feuilles et fleurs, ces dernières étant un peu moins parfumées.

Précautions

Les différentes variétés d'agastache s'hybridant très facilement, les éloigner les unes des autres si l'on veut garder des souches pures.

La ciboule de Chine

Allium tuberosum

Ciboulette chinoise, ail chinois, ciboulail

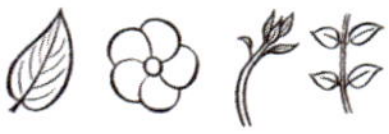

Très décorative avec ses jolies ombelles blanches, la ciboule de Chine est une vivace à planter en masse au jardin et à consommer sans modération !

Présentation

Cultivée en Chine depuis des millénaires comme plante aromatique, condimentaire et médicinale, la ciboule de Chine est une Alliacée vivace caduque cousine de notre ciboulette. Elle pousse en touffe de longues feuilles linéaires, presque plates, en forme de gouttière à leur base. Elles disparaissent avec l'arrivée des fortes gelées pour réapparaître au printemps. La floraison survient entre août et octobre ; de longues tiges dépassant les feuilles supportent de jolies ombelles composées de petites fleurs blanches étoilées au léger parfum d'ail. Elles produisent ensuite de petites graines noires permettant à la plante de se ressemer facilement.

Culture

En pot ou en pleine terre, on la sème au printemps ou en automne en sillon profond de 5 cm. On peut également repiquer des plants achetés en jardinerie ; cette ciboule appréciera un sol drainé, riche en humus et un bon ensoleillement. Les touffes établies se divisent tous les 3 ans. Rustique, la ciboule de Chine a une longévité d'une dizaine d'années environ.

Associations

Cette ciboule fera plus d'effet plantée en masse à côté de feuillages gris, comme ceux des artichauts ou de la sauge par exemple, pour un massif délicat et élégant. Plantée près de carottes, elle les protégera tout en renforçant leur saveur. Par contre, éviter le voisinage des Fabacées qui produisent de l'azote, comme les fèves, les pois, la glycine ou encore la gesse.

Gastronomie

Parfumée et condimentaire, la ciboule de Chine a une saveur proche de l'ail et l'on déguste aussi bien ses fleurs décoratives que ses feuilles et ses tiges, riches en vitamine C. On les savoure crues dans les salades, les sauces et les entrées froides, mais on peut également les cuisiner en omelette, sautées à la poêle ou au wok avec des légumes en accompagnement de viandes ou de poissons. Les feuilles peuvent se congeler.

Précautions

Ses feuilles ressemblant à celles de bulbeuses d'ornement toxiques comme les muscaris, ne pas les planter à côté. Si tel était le cas, l'odeur d'ail de la ciboule de Chine devrait permettre de les différencier.

La ciboulette

Allium schoenoprasum
Civette, brelette

Indispensable en cuisine, la délicieuse et aromatique ciboulette est aussi une intéressante plante décorative avec ses touffes denses et sa jolie floraison rose parme.

Présentation

Parmi les « fines herbes » les plus populaires, la ciboulette est une bulbeuse vivace de la famille des Alliacées. Poussant en touffe de longues feuilles fines, cylindriques et creuses, très aromatiques, elle peut atteindre en bonnes conditions 30 cm de haut. Le gel la fait disparaître en hiver mais elle repousse au printemps. La floraison intervient de mai à août suivant le climat ; elle se compose d'ombelles sphériques rose violacé ou parfois blanches. Hormis la différence de couleur, il existe des variétés dont les feuilles sont de calibre plus ou moins épais, de la 'Staro' qui possède les plus grosses feuilles à la 'Très Fine Danoise'.

Culture

En pot comme en pleine terre, la ciboulette est facile à vivre ! Il lui faudra une terre fraîche, drainante et fertile, au soleil ou à la mi-ombre. Elle redoute d'avoir les pieds dans l'eau mais, l'été, elle apprécie un paillage qui lui permet de garder un peu d'humidité. Elle se sème en place après les gelées dans un sillon de 1 à 2 cm recouvert de terre fine. Mais le plus rapide est de planter des spécimens en godet (au printemps et en été). Couper régulièrement son feuillage (sans excès) la rendra plus vigoureuse. Les touffes se divisent au bout de 3 ans.

Associations

La ciboulette est idéale pour former des bordures ou pour agrémenter une rocaille. Elle est la compagne idéale des rosiers, des arbres fruitiers, des fraisiers, du thym, des tomates, du fenouil et des carottes, mais elle ne s'entend pas avec l'ail, les choux et les Fabacées (à l'instar de sa cousine la ciboule de Chine).

Gastronomie (cf. recette p. 281)

On ne présente plus les feuilles de ciboulette et leur célèbre petit goût frais et aillé, légèrement piquant ! Elles sont indissociables des crudités, apportent leur note aromatique aux fromages frais, crèmes et sauces, mais aussi légèrement cuites en omelette, sur les viandes, poissons et légumes ou dans les farces. Les ombelles fleuries (entières ou les fleurs à l'unité) décorent et parfument également les plats. Feuilles et fleurs se congèlent très bien.

Précautions

Attention, les bulbes de la ciboulette sont toxiques ! On ne consommera donc que les feuilles et les fleurs.

La citronnelle

Cymbopogon citratus
Verveine des Indes, citronnelle de Java, citronnelle de Madagascar

Grande graminée aromatique, la citronnelle est une plante médicinale et culinaire réputée pour éloigner les moustiques. Mais elle a aussi sa place au jardin d'agrément, à condition de la protéger en hiver !

Présentation

D'origine asiatique, la citronnelle est une graminée tropicale de la famille des Poacées aussi cultivée en Afrique et en Amérique. Elle forme de grandes touffes persistantes dépassant parfois le mètre, composées de longues feuilles linéaires vertes, coriaces et coupantes. Ces feuilles poussent à partir de tiges à la base renflée, blanche et charnue émises par des rhizomes au puissant système racinaire. Toute la plante dégage un fort parfum citronné.

Culture

La citronnelle est gélive et résiste mal à des températures en dessous de 0 °C. Mieux vaudra la cultiver en bac et la rentrer l'hiver. En climat doux, la plantation en pleine terre est possible à condition de la protéger. Elle apprécie les sols sablonneux et riches, frais et humifères, de préférence au soleil. Arroser pendant l'été (un paillis aidera à conserver un peu de fraîcheur). La récolte se fait de mai jusqu'en octobre, à condition de lui laisser suffisamment de feuillage pour hiverner. Elle se bouture en trempant des tiges dans un peu d'eau.

Associations

Avec sa haute taille, la citronnelle pourra être placée en fond de massif (si elle est en pot, il suffira d'enterrer celui-ci avec) près de guimauves, de dahlias ou d'estragon du Mexique. Au potager, elle est bénéfique aux tomates.

Gastronomie (cf. recette p. 304)

C'est la base charnue des tiges qui est consommée, les feuilles fraîches ou séchées étant réservées à l'utilisation médicinale (en infusion digestive, par exemple). On n'utilise que le cœur tendre des tiges, qui est traditionnellement cuisiné comme condiment pour parfumer soupes, légumes, poissons, crustacés, viandes et sauces, grâce à sa saveur citronnée.

Note

Ne pas confondre la citronnelle avec la verveine citronnelle (*Aloysia triphylla*), qui est un arbuste (voir fiche p. 198).

L'estragon du Mexique

Tagetes lucida

Tagète anisé, tagète luisant, yauhtli des Aztèques

Plante décorative, médicinale et aromatique, l'estragon du Mexique gagne à être connu et employé au jardin comme en terrasse.

Présentation

Originaire du Mexique et considéré par les Aztèques comme une plante sacrée, l'estragon du Mexique fait partie de la grande « famille » des tagètes, comme l'œillet d'Inde. En climat doux, c'est une plante vivace qui peut être persistante si elle est bien protégée. Il a un port touffu pouvant atteindre 60 cm de haut : ses feuilles linéaires vert tendre sont opposées et très aromatiques (parfum d'anis). La floraison se produit à partir du milieu de l'été jusqu'aux gelées et se compose de petits capitules jaune d'or.

Culture

L'estragon du Mexique se cultive en pot comme en pleine terre. Il demande un sol riche, un bon drainage (car ses racines craignent l'humidité stagnante), ainsi qu'un arrosage régulier par forte chaleur. Il accepte la mi-ombre mais fleurira davantage au soleil. Peu rustique (jusqu'à – 5 °C), il doit être protégé du gel en saison froide. Il se reproduit facilement par semis ou par bouturage.

Associations

L'utilisation des tagètes au potager comme au jardin d'ornement est toujours intéressante, car en plus d'être décoratifs, ils ont un côté répulsif pour toutes sortes de parasites, insectes et nématodes (notamment pour les choux, les tomates et les rosiers). Ses fleurs sont en outre mellifères.

Gastronomie (cf. recettes p. 312, 313 et 317)

Bon en infusion pour soigner les maux d'estomac et diminuer la tension artérielle, l'estragon du Mexique est aussi très apprécié en cuisine avec son délicieux arôme anisé. Feuilles et pétales des fleurs pourront parfumer boissons, alcoolisées ou non, les vinaigres, les desserts chocolatés, les crèmes et glaces diverses. Ciselées, les feuilles relèveront crudités et salades salées et sucrées, mais aussi volailles, poissons ou omelettes. Les sommités fleuries séchées et réduites en poudre s'incorporent dans la pâtisserie ou dans les farces, qu'elles aromatisent.

Précautions

Une consommation exagérée de cette plante aurait des effets hallucinogènes. D'autres tagètes aromatiques comme le tagète agrume (*Tagetes tenuifolia* var. *pumila*), le tagète de Lemmon (*T. lemmonii*) ou le tagète minuta (*T. minuta*) sont également comestibles (feuilles et fleurs).

L'hysope

Hyssopus officinalis
Hyssope, herbe sacrée

Magnifique plante aux épis d'un bleu hysope l'hysope est une plante aromatique et mellifère très décorative et facile à vivre. C'est en outre une plante médicinale et condimentaire délicieuse !

Présentation

Petit arbrisseau de 20 à 60 cm de la famille des Lamiacées, l'hysope est une méditerranéenne que l'on retrouve jusqu'à 2 000 m d'altitude. Sur des tiges ligneuses, on retrouve ses petites feuilles vertes étroites, allongées et opposées : elles sont semi-persistantes et aromatiques. De juin à octobre, de jolies fleurs mellifères bleu-violet se développent en épi compact et allongé. Il existe aussi des cultivars à floraison rose pâle ou blanche.

Culture

Plante rustique (jusqu'à – 15 °C), l'hysope est de culture facile, en grand pot comme au jardin : il lui faut une terre légère, non acide et surtout bien drainée, en plein soleil de préférence. Elle se plante au printemps ou à l'automne. Arroser en été lors des fortes chaleurs. La taille n'est pas indispensable, mais elle augmentera le nombre de sommités et de fleurs à récolter. Les parties aériennes sèches se coupent au printemps.

Associations

Elle a bien sûr sa place avec les autres aromatiques comme la sauge, la sarriette ou le thym. On pourra créer des camaïeux de bleu-violet avec la lavande, la nepeta, le romarin, la nigelle, l'agastache, ou encore des touffes d'aphyllante de Montpellier.

Gastronomie

L'hysope est une excellente plante aromatique et médicinale qui s'utilise en délicieuses tisanes expectorantes et antiseptiques. Les jeunes feuilles et les fleurs fraîches se retrouvent dans les crudités, les sauces, les fromages ou les soupes chaudes ou froides. Elles aromatisent également céréales, viandes et légumes, ainsi que des liqueurs. On peut aussi les utiliser séchées.

Précautions

Ne pas confondre avec l'hysope des Alpes (la crapaudine à feuilles d'hysope, *Sideritis hyssopifolia*), plante sauvage de montagne protégée, aux fleurs jaune pâle, qui est aussi une plante médicinale, ou avec l'agastache qu'on appelle également hysope anisée (voir fiche p. 168).

Les lavandes

***Lavandula* spp.**
Lavande officinale, lavande aspic, lavandin, lavande papillon…

Incontournables plantes aromatiques, les lavandes apportent le parfum de la Provence et leur superbe floraison améthyste. Médicinales, elles peuvent également être cuisinées !

Présentation

Il existe quatre grands types de lavande, toutes de la famille des Lamiacées. La plus recherchée est la lavande officinale (*Lavandula angustifolia*), cultivée pour ses fleurs violettes au parfum subtil. La lavande aspic (*L. latifolia*), aux fleurs plus pâles, a une odeur plus camphrée ; toutes deux se trouvent à l'état sauvage dans le sud de la France. Le lavandin est un hybride entre ces deux espèces. Ces sous-arbrisseaux poussent en touffe de feuilles grisâtres ou verdâtres d'où se dressent de juin à août les tiges florales composées d'épis de fleurs bleues à violettes ou mauves. Certains cultivars sont roses, d'autres blancs. Il existe une autre espèce de lavande, la lavande papillon (*L. stoechas*), aux épis larges surmontés d'une houppe de grandes bractées violettes : elle fleurit précocement de février à mai.

Culture

En pot comme au jardin, les lavandes ont besoin d'une terre drainante, pauvre et bien ensoleillée. Elles ont une préférence pour les sols calcaires, sauf la lavande papillon qui exige un sol acide. Rustiques (jusqu'à – 13 °C) et résistantes à la sécheresse, elles n'auront besoin d'arrosage que si elles sont cultivées en pot. Après la floraison, il est indispensable de les tailler puis de les rabattre à un tiers de leur hauteur à la fin de l'hiver.

Associations

Elles seront en excellente compagnie avec les thyms, les sarriettes et les romarins, mais aussi près des rosiers en faisant fuir par leur odeur les pucerons qui les infectent. Privilégier les floraisons en camaïeu, en association raffinée avec des fleurs blanches ou, pour plus de « peps », avec des fleurs jaunes et orange.

Gastronomie

En cuisine, on utilise les épis floraux, les fleurs ou les graines. Toutes les espèces peuvent être utilisées, fraîches ou sèches, mais la lavande officinale est de loin la plus raffinée. Elles magnifient salades, viandes rôties, crèmes et fromages ou se dégustent en biscuits et en pâtisserie, ou encore infusées pour réaliser des glaces, des sirops, des gelées ou des flans. Les fleurs fraîches aromatisent également beurre, huiles, vinaigres ou confitures de fruits tandis que, séchées, elles parfumeront le sucre ou le sel.

Précautions

La puissante fragrance de la lavande contraint à avoir la main légère en cuisine pour éviter l'amertume et la sensation de manger du parfum !

À gauche : lavandin. À droite : lavande papillon.

La mélisse

Melissa officinalis
Mélisse citronnelle, herbe au citron, thé de France

Facile à cultiver, la mélisse est une plante médicinale et aromatique au joli feuillage gaufré et à l'agréable fragrance citronnée.

Présentation

D'origine méditerranéenne, la mélisse est une herbacée vivace de la famille des Lamiacées, réputée depuis l'Antiquité pour ses vertus médicinales et aromatiques. Son port semblable à la menthe forme un buisson de grandes feuilles ovales vert tendre, crénelées, légèrement gaufrées et opposées, aux tiges quadrangulaires et pubescentes. C'est son feuillage semi-persistant qui exhale cette odeur citronnée. Certaines variétés horticoles peuvent avoir leur feuillage panaché, doré ou marginé de jaune. Sa floraison estivale est insignifiante mais mellifère ; elle se compose de petites fleurs bilabiées blanchâtres.

Culture

La mélissese cultive aisément en pot comme en pleine terre. On l'installe au printemps ou à l'automne dans une terre fraîche, drainée, fertile et profonde, au soleil ou à la mi-ombre. Ne pas hésiter à la tailler pour faire apparaître de nouvelles pousses dès que le feuillage jaunit. Elle est rustique mais disparaît l'hiver s'il fait trop froid ; elle réapparaîtra ensuite rapidement. La mélisse se ressème très facilement, profitons-en !

Associations

La mélisseest utile au potager pour ses fleurs mellifères et son odeur qui éloigne moustiques, pucerons et mouches. Même si elle a tendance à s'étaler, on peut la planter près de fèves, de pois et de haricots, de carottes, au pied de rosiers ou d'hostas, près d'achillées, de monardes ou en compagnie d'autres aromatiques comme la sauge, la menthe, l'agastache ou la périlla.

Gastronomie (cf. recette p. 281)

Les jeunes pousses ciselées de mélissearomatisent agréablement crudités diverses, sauces, viandes, poissons et desserts. On peut les utiliser fraîches ou cuites. Les feuilles s'utilisent aussi infusées pour de délicieuses tisanes relaxantes, des liqueurs, des sirops ou des boissons fraîches.

Précautions

Les feuilles séchées perdent leur arôme citronné pour n'avoir plus qu'une saveur d'herbe.

Les menthes

***Mentha* spp.**
Menthe verte, menthe poivrée, menthe pouliot…

La menthe est sans conteste l'une des plantes aromatiques les plus populaires et les plus utilisées. Son feuillage aromatique varié apporte aussi un intérêt esthétique au jardin.

Présentation

Qu'elle soit sauvage ou cultivée, la menthe est une herbacée vivace rustique de la famille des Lamiacées. Parmi les plus communes dans la nature, on trouve la menthe pouliot (*Mentha pulegium*), à l'odeur puissante mais agréable, la menthe sylvestre (*M. sylvestris*), très commune, à longues feuilles d'odeur assez grossière, ou encore la menthe des champs (*M. arvensis*), agréablement odorante. Les variétés horticoles sont innombrables et aux parfums variés, du chocolat à l'ananas ou la fraise, en passant par les classiques menthes verte ou poivrée. Le feuillage, souvent velu, arbore différents tons de vert mais peut être aussi marginé de blanc. Les fleurs, regroupées en épi ou en globule allant du blanc rosé au violet, apparaissent de juin à octobre suivant la région ou les cultivars.

Culture

Les menthes se plaisent dans les sols lourds, argileux, riches et humifères. On peut les planter en potée comme en pleine terre en situation mi-ombragée et à l'abri du vent, de préférence au printemps. Elles se multiplient grâce à leurs rhizomes ou par division des touffes. Les plants doivent être renouvelés tous les 3 ans, car ils ont tendance à s'épuiser. Les menthes disparaissent l'hiver pour réapparaître au printemps.

Associations

Utiles au jardin, les menthes éloignent par leur odeur pucerons et fourmis. On les plantera près de choux, de tomates ou de Fabacées comme les fèves ou les pois. Elles apprécieront l'ombre des fruitiers tout en les protégeant.

Gastronomie (cf. recettes p. 281 et 324)

Toutes les menthes sont comestibles, mais leur odeur pouvant être assez différente d'une espèce à l'autre, c'est une question de goût ! On utilise leurs feuilles fraîches en infusion ou en boisson chaude ou froide, en sirop ou en cocktail comme le mojito. Ciselées, elles agrémentent délicieusement salades et crudités diverses, rouleaux de printemps, sauces et desserts (crèmes, flans, salades de fruits, glaces…), tout comme les fleurs. Les menthes sont aussi des plantes médicinales, employées fraîches ou séchées.

Précautions

Si vous craignez le caractère envahissant des menthes, conditionnez-les en pots (enterrés ou non). À savoir également, si vous possédez plusieurs espèces différentes, elles s'hybrident facilement entre elles.

En haut à gauche : menthe sauvage à feuilles rondes (*M. suaveolens*). En haut à droite : menthe poivrée (*Mentha × piperita*). En bas : deux menthes vertes (*M. spicata*).

L'origan et la marjolaine

Origanum vulgare* et *O. majorana

Incontournables aromatiques dans la cuisine du Sud, l'origan et la marjolaine sont aussi très intéressants à employer dans le jardin d'agrément avec leur port tapissant et compact.

Présentation

Très souvent confondus, l'origan et sa cousine la marjolaine sont des méditerranéennes de la famille des Lamiacées. L'origan est une vivace sauvage que l'on trouve en France jusqu'à 1 800 m d'altitude. Il se reconnaît à ses tiges rougeâtres, ses feuilles vertes velues, ovales et opposées et ses fleurs d'un rose plus ou moins soutenu regroupées en inflorescence serrée à l'extrémité des rameaux (de juillet à octobre). La marjolaine a des petites feuilles arrondies et velues d'un vert grisâtre. Ses fleurs estivales blanches sont regroupées en coquilles (groupées en épi terminal, elles sont entourées de bractées arrondies). Tous deux forment de petits tapis buissonnants de feuilles très aromatiques. Il existe pour ces deux espèces des variétés horticoles au feuillage doré ou panaché.

Culture

Origan comme marjolaine demandent une terre drainante et légère en situation chaude et bien ensoleillée. Ils se cultivent facilement en pot comme en pleine terre et se plantent après les gelées. Ils n'aiment pas l'humidité, surtout accompagnée de froid, mais ils sont résistants à la sécheresse. Ils se multiplient par semis, bouturage ou division de touffe.

Associations

Très esthétiques en potée, l'origan et la marjolaine sont des plantes idéales en rocaille ou en bordure de massif, associées à d'autres aromatiques comme le thym et la sarriette, l'achillée, les ails, le tulbaghia… Leur odeur et leur floraison seront bénéfiques également aux légumes et aux fruitiers. Au vu des nombreuses variétés, on pourra jouer également avec leurs différentes teintes de feuillage.

Gastronomie

Ce sont les feuilles et les sommités fleuries de ces deux plantes que l'on réserve à la cuisine. Leur saveur est assez comparable. Fraîches ou séchées, elles aromatisent délicieusement pâtes et pizzas, légumes, viandes, poissons, fromages, sauces, huiles et vinaigres. Les ajouter en fin de cuisson pour conserver au mieux leur parfum. Outre leurs vertus condimentaires, l'origan et la marjolaine sont des plantes médicinales, bénéfiques pour la digestion.

Note

Moins rustique que l'origan (jusqu'à – 4 °C contre – 15 °C), la marjolaine est cultivée comme une annuelle, hormis dans les régions tempérées où elle peut être vivace.

En haut : origan en fleur. En bas : marjolaine.

La périlla

Perilla frutescens
Périlla de Nankin, pérille, shiso, persil japonais

Plante à la fois condimentaire, alimentaire, médicinale et ornementale, la périlla, avec ses différentes variétés, est à découvrir et à utiliser sans modération !

Présentation

Originaire du sud-est asiatique où elle est traditionnellement cultivée et consommée, la périlla fait partie de la famille des Lamiacées. C'est une plante annuelle buissonnante et ramifiée, aux larges feuilles ovales, pointues, velues et crispées à bords ondulés, et dentées. Le feuillage est très décoratif ; suivant les variétés il peut être vert, pourpre, voire bicolore (vert dessus, pourpre dessous). La variété pourpre est la plus grande avec 80 cm de hauteur. La floraison estivale et mellifère se compose de petites fleurs blanches, roses ou violettes, regroupées en épi terminal.

Culture

Sa culture est proche de celle du basilic : les semis s'effectuent au printemps, de préférence sous abri. Les plants se repiquent en pot ou en pleine terre lorsque les gelées ne sont plus à craindre. La périlla a besoin d'une terre riche, drainée et légère et d'un bon ensoleillement. À la mi-ombre, la variété pourpre a tendance à s'éclaircir. La récolte s'effectue de mai aux gelées. Quand elle se plaît, la périlla se ressème spontanément.

Associations

Les périllas peuvent être spectaculaires en fond de massif, accompagnées de cosmos, de sauges, d'agastaches, de romarin, d'hysope ou de lavande. On pourra jouer sur les contrastes avec la variété pourpre presque noire et le blanc de la ciboule de Chine ou de l'achillée.

Gastronomie

Suivant les variétés, les feuilles ont une saveur entre le pamplemousse, le basilic, la menthe, le poivre et la cannelle. Les jeunes feuilles s'emploient crues dans les crudités, les salades et les sushis. Les feuilles se cuisent pour accompagner légumes, viandes ou poissons. Les sommités fleuries se cuisinent sautées à la poêle. Les fleurs se parsèment sur les salades ou aromatisent des boissons. Les graines ont un petit goût de sésame.

Précautions

Il existe une espèce ornementale de périlla uniquement décorative ressemblant aux coléus, *Perilla magilla*, aux sublimes feuilles pourpres maculées de rose fuchsia et de vert : elle est vivace mais non rustique (5 °C).

Différents feuillages de périllas.

Le romarin

Rosmarinus officinalis
Herbe aux couronnes, herbe aux troubadours

Cultivé depuis l'Antiquité pour ses qualités aromatiques et médicinales, le romarin est un bel arbrisseau d'ornement que l'on prendra plaisir à récolter pour la cuisine !

Présentation

D'origine méditerranéenne, le romarin est un petit arbrisseau persistant qui peut atteindre pour certaines variétés 1,50 m de haut, idéal pour une haie basse car il se taille facilement. De forme buissonnante ou rampante suivant les cultivars, il pousse en grandes tiges couvertes d'étroites feuilles aromatiques vertes au revers plus clair, ressemblant à des aiguilles. Sa floraison se décline du blanc-mauve au bleu violacé, jusqu'au rose pour certaines variétés horticoles ! Dans sa région d'origine, il peut fleurir toute l'année.

Culture

Le romarin appréciera une exposition bien ensoleillée, un sol calcaire, drainé et pauvre. On pourra planter cette Lamiacée en pleine terre mais aussi en pot ou jardinière. Il apprécie la taille, ce qui le ramifiera et le renforcera ; tant mieux pour nos récoltes ! C'est aussi un bon compagnon pour les carottes et les haricots, dont il repoussera les insectes. Il se bouture ou se marcotte de préférence en été.

Associations

Le romarin fait évidemment bon ménage avec les aromatiques de sol sec comme le thym et la sarriette. Les cultivars à fleurs bleu foncé mettront en valeur les floraisons jaunes ou orange des mahonias, mimosas, tagètes, tulipes, primevères ou pensées. Certaines grandes variétés buissonnantes pourront être incorporées aussi dans les haies.

Gastronomie (cf. recettes p. 284 et 298)

Outre ses vertus antibactériennes, anti-inflammatoires et digestives, le romarin a de nombreuses qualités gastronomiques ! Il servira d'aromate dans de nombreux plats (plante séchée et broyée, ce qui évitera des blessures aux gencives), sauces, grillades et biscuits apéritifs. Ses fleurs fraîches et ses jeunes sommités se parsèment sur les salades salées comme sucrées, qu'elles relèveront par leur forte saveur aromatique. Il peut également être ajouté aux desserts, biscuits et gâteaux (il se marie excellemment bien au citron) et aromatiser gelées, vins et liqueurs.

Précautions

Le romarin peut supporter des froids intenses à condition de pousser dans une terre bien drainée, car il déteste l'humidité !

En haut : romarin à fleurs bleues dans une haie de bambou doré. En bas : romarin sauvage.

La sarriette

Satureja montana

Poivre d'âne, sarriette des montagnes, herbe aux satyres

La sarriette est une plante aromatique très parfumée, intéressante en cuisine et en phytothérapie, mais aussi au jardin d'ornement avec sa remarquable floraison blanche.

Présentation

La sarriette est une méditerranéenne vivace de la famille des Lamiacées, qui se retrouve à l'état sauvage jusqu'à 1 700 m d'altitude. Sous-arbrisseau ligneux de 10 à 40 cm, elle pousse en touffe de petites feuilles allongées et pointues, parfois coriaces, très aromatiques. Elle fleurit abondamment de juin à octobre en petites fleurs bilabiées blanches réunies en grappe terminale. Il existe aussi des espèces à la très jolie floraison rose ou violacée, comme la sarriette de Turquie (*Satureja subspicata*) ou la sarriette de Crète (*S. thymbra*).

Culture

Facile de culture en pot comme en pleine terre, la sarriette se contente d'un sol pauvre, bien drainé, léger et plutôt calcaire. On lui choisira une exposition chaude et ensoleillée. On la taille au printemps, à 10 cm de la souche, pour la rendre plus vigoureuse.

Associations

Plante de rocaille par excellence, elle se plaira aux côtés du thym et du serpolet, de l'hysope et du romarin. On pourra lui adjoindre des bulbes de safran ou d'ails divers (ail rose, ail baguette de tambour ou ail joli), des plants de roquette ou d'hélichryse.

Gastronomie (cf. recette p. 271 et 298)

Excellente plante aromatique, la sarriette est cultivée pour ses fleurs et ses feuilles odorantes depuis l'Antiquité. Les fleurs parfument agréablement crudités, sauces et fromages. Les feuilles fraîches ou séchées (de préférence mixées pour ne pas blesser les gencives) aromatisent les légumineuses tout en aidant à leur digestion. Elles sont aussi délicieuses sur les grillades, les pâtes et les pizzas, dans les marinades, les farces et les potages.

Note

Il existe une sarriette annuelle, la sarriette des jardins (*S. hortensis*), cultivée également comme plante aromatique, aux feuilles plus molles et qui s'emploie de la même manière.

En gauche : sarriette en fleur. À droite : la floraison rose de la sarriette de Turquie.

Les sauges

Salvia spp.
Sauge officinale, sauge sclarée, sauge cassis, sauge de Graham…

Le genre *Salvia*, avec ses 900 espèces, est un des plus riches qui soit. Qu'elle soit médicinale, alimentaire ou encore à fleurs comestibles, la sauge possède des qualités ornementales indéniables !

Présentation

Issues de toutes les régions tempérées de la planète, les sauges font partie de la famille des Lamiacées. Chez nous, à l'état sauvage, on trouve la sauge des prés (*Salvia pratensis*), aux fleurs comestibles violettes. Dans les jardins se cultivent la sauge sclarée (*S. sclarea*), aux grandes fleurs lilas clair, et la sauge officinale (*S. officinalis*), dont les nombreux cultivars peuvent arborer différentes couleurs de feuillage, du gris-vert classique au pourpre, en passant par les formes panachées et tricolores. Ces deux dernières sont médicinales et aromatiques. La sauge cassis (*S. discolor*) a un feuillage argenté et ses fleurs comestibles sont presque noires. Une autre sauge à fleurs comestibles est la sauge de Graham (*S. microphylla*), à port arbustif et à petites fleurs rouges, blanches, roses, jaunes ou bicolores très décoratives.

Culture

Suivant les variétés, les sauges sont vivaces ou annuelles, rustiques ou gélives. Elles se plantent de préférence en pleine terre, dans un sol drainé, plutôt calcaire et au soleil. Certaines espèces supportent une terre pauvre et sèche, d'autres apprécient un substrat riche et profond. Toutes détestent l'excès d'humidité. Côté taille, elles se rabattent au printemps et légèrement en été après la floraison.

Associations

Les feuillages et les floraisons variées qu'offrent les différentes sauges donnent une infinité d'associations possibles. On pourra jouer sur les couleurs, les textures et les tailles avec des espèces ayant le même type de culture qu'elles.

Gastronomie (cf. recette p. 317)

La plupart des sauges ont des fleurs comestibles : elles décorent et aromatisent agréablement les plats : salades, taboulés, rouleaux de printemps, gâteaux, glaces… Les feuilles de sauge sclarée ou de sauge officinale se dégustent en beignet et aromatisent légumes, pâtes, raviolis ou viandes blanches ainsi que vins et liqueurs. Leur tisane est digestive.

Précautions

La tisane de sauge est contre-indiquée chez les femmes enceintes et pour celles souffrant du cancer du sein.

En haut à gauche : sauge officinale. En haut à droite : sauge sclarée. En bas à gauche : sauge de Graham. En bas à droite : sauge des prés.

Les thyms

***Thymus* spp.**
Serpolet, farigoule

Encore une plante aromatique indispensable qui trouvera sa place au jardin, en potée et dans nos assiettes ! Aussi bonnes pour notre santé que belles à regarder, les différentes espèces de thym sont à utiliser sans modération !

Présentation

Originaires du bassin méditerranéen, les thyms, qu'ils soient sauvages ou horticoles, font partie de la famille des Lamiacées. Sous-arbrisseaux vivaces très aromatiques, ils peuvent être à port dressé, comme le thym commun (*Thymus vulgaris*), ou rampant, comme le serpolet (*T. serpyllum*). Le premier pousse en touffe de tiges ligneuses portant de petites feuilles gris-vert. Certains hybrides, comme le thym citron (*T.* × *citriodorus*), peuvent avoir un feuillage panaché ; d'autres, comme le thym laineux (*T. pseudolanuginosus*), des feuilles duveteuses ou encore, comme le thym luisant (*T. nitens*), des feuilles longues et brillantes. Le serpolet présente des touffes tapissantes de petites feuilles vertes ovales, glabres ou velues. Suivant les espèces, les thyms fleurissent en petit capitule blanc rosé à rose foncé de mars à septembre.

Culture

Qu'ils soient en pot ou en jardin, les thyms se cultivent dans une terre drainante voire caillouteuse, légère et calcaire, en plein soleil. Rustiques, ils ne craignent que l'humidité et n'ont pas besoin d'engrais. Pour leur permettre de garder une forme bien compacte, on les taille au moment de la floraison (ce qui permet de belles récoltes !).

Associations

On pourra les associer naturellement en jardin de rocaille aux sarriettes, lavandes, origans et romarins. Leurs fleurs mellifères et leur odeur sont bénéfiques aux rosiers et aux légumes comme la tomate et la carotte.

Gastronomie (cf. recette p. 298)

Thyms et serpolet sont indissociables du bouquet garni et aromatisent grillades au barbecue, marinades et toutes sortes de plats cuisinés. On utilise les feuilles et les sommités fleuries fraîches ou sèches. Les fleurs parfument et décorent élégamment les crudités, mais aussi les desserts comme les glaces ou les salades fruits en apportant leur petite note de garrigue.

Note

Les sommités fleuries ont un parfum plus délicat que les feuilles et sont plus faciles à récolter !

En haut : thym commun en fleur. En bas à gauche : thym luisant. En bas à droite : serpolet.

La verveine citronnelle

Aloysia triphylla
Verveine odorante, verveine des Indes

Joli arbrisseau au feuillage très odorant, la verveine citronnelle devrait se trouver dans chaque jardin pour ses qualités esthétiques et pour la santé des jardiniers !

Présentation

D'origine sud-américaine, la verveine citronnelle est une Verbénacée très populaire avec ses feuilles aromatiques et médicinales que l'on emploie en tisane. Pouvant atteindre 3 m de haut dans sa région d'origine, la verveine citronnelle a une taille beaucoup plus modeste chez nous. Son feuillage semi-persistant est composé de longues feuilles étroites, rugueuses et gaufrées, au parfum frais et citronné. En fin d'été et à l'automne, elle fleurit en long panicule de petites fleurs mellifères blanches et légèrement parfumées.

Culture

Peu rustique (jusqu'à – 5 °C), la verveine citronnelle ne se cultive en pleine terre qu'en climat doux. On peut la planter en pot ou en bac, dans une terre légère, drainée, de préférence au soleil. Si l'on craint les gelées, la rentrer à l'abri ou la protéger d'un paillis. Le froid rend ses feuilles caduques. Une taille sévère peut s'effectuer dès février si l'on souhaite la garder en touffe. On peut également la conduire en arbuste, son petit tronc noueux devenant intéressant au fil des ans.

Associations

En climat doux et plantée en nombre, la verveine forme de superbes haies odorantes. Placée près des fenêtres elle pourra éloigner les moustiques. On peut associer à son pied d'autres plantes aromatiques de culture similaire.

Gastronomie (cf. recettes p. 307 et 317)

Traditionnellement employées en tisane digestive, ses feuilles au parfum citronné s'utilisent fraîches pour aromatiser poissons et viandes blanches, à la manière du basilic ou de la citronnelle. Très jeunes et tendres, on peut les ciseler sur une salade de fraises, des glaces, des crèmes, des entremets sucrés… Les petites fleurs, aromatiques elles aussi, s'emploient de même.

Précautions

Ne pas confondre avec la verveine officinale (*Verbena officinalis*), plante sauvage et médicinale, les verveines ornementales cultivées pour la beauté de leurs fleurs (*V.* × *hybrida* et *V. bonariensis*) ou la citronnelle (*Cymbopogon citratus*) décrite p. 174.

Aneth

Balsamite menthe-coq

Basilic

Calament

Camomille romaine

Cerfeuil

Autres belles aromatiques et médicinales

En règle générale, toutes les plantes aromatiques (ou médicinales) sont décoratives et se prêtent donc volontiers à l'esthétisme du jardin ! En voici une petite sélection en complément de celles déjà présentées (culture ; intérêt décoratif ; utilisation culinaire) :

ANETH *Anethum graveolens*
pot ou pleine terre feuillage et floraison feuilles, graines

ANIS VERT *Pimpinella anisum*
pot ou pleine terre feuillage et floraison graines

ARMOISES *Artemisia* spp.
pleine terre feuillage feuilles

BALSAMITE MENTHE-COQ *Tanacetum balsamita*
pot ou pleine terre feuillage feuilles

BASILICS *Ocimum* spp.
pot ou pleine terre feuillage feuilles, fleurs

BASILIC PERPÉTUEL *Ocimum kilimandjaricum* 'Magic Mountain'
pot ou pleine terre feuillage et floraison feuilles, fleurs

CALAMENT *Calamintha nepeta*
pot ou pleine terre feuillage et floraison odorante feuilles, fleurs

CAMOMILLE ROMAINE *Chamaemelum nobile*
pot ou pleine terre feuillage et floraison fleurs

CERFEUIL *Anthriscus cerefolium*
pot ou pleine terre feuillage et floraison feuilles

CORIANDRE VIETNAMIENNE *Persicaria odorata*
pot ou pleine terre feuillage feuilles

Estragon

Gros thym

Herbe de l'immortalité

Nepeta

Romarin d'Afrique

ESTRAGON *Artemisia dracunculus*
pot ou pleine terre feuillage feuilles

GROS THYM *Plectranthus amboinicus*
pot ou pleine terre feuillage feuilles

HERBE DE L'IMMORTALITÉ *Gynostemma pentaphyllum*
pot ou pleine terre feuillage feuilles

NEPETA *Nepeta* spp.
pot ou pleine terre feuillage et floraison feuilles, fleurs

ROMARIN D'AFRIQUE *Eriocephalus africanus*
pot ou pleine terre feuillage et floraison feuilles

Chapitre V
« Mauvaises » herbes et belles sauvageonnes

Je finirai cette présentation de plantes par les mal-aimées des jardiniers, celles que l'on qualifie de « mauvaises » herbes et que l'on nomme maintenant adventices.

Parfois Dame Nature est généreuse et nous retrouvons dans nos jardins ou nos pots des plantes qui se sont invitées toutes seules… Le premier réflexe est de les arracher, car on pense qu'elles vont gêner, voire prendre la place des « bonnes » plantes que nous avons achetées ! Cela peut être vrai, mais avant tout geste fatal, penchons-nous sur ces indésirables, car beaucoup d'entre elles sont en fait comestibles ! Certaines ayant même été cultivées par le passé et oubliées depuis… Une bonne entente peut donc être possible entre vos « chéries » et ces invitées-surprises en déplaçant ces dernières ou en les surveillant pour qu'elles n'entravent pas la croissance de vos cultures. Ces « mauvaises » herbes ont de plus un double avantage : d'une part elles sont complètement gratuites ; d'autre part, si elles sont venues, c'est que le lieu leur convient et que vous avez toutes les chances de les voir prospérer ! Alors qu'il est parfois si difficile de cultiver certaines potagères ou ornementales exigeantes, ces belles et bonnes sauvageonnes ne demandent généralement aucun soin et vous gratifieront en plus de belles récoltes ! Il suffit juste de les canaliser si elles sont de nature envahissante (stellaire, pariétaire, pourpier, oxalis…).

Une fois convaincu(e) de leur utilité, une autre manière de vous les approprier est de les semer ! Cette méthode est la plus sûre, surtout si vous convoitez des annuelles comme le coquelicot, le bleuet, le pourpier… Si vous êtes de nature patiente, observez à la bonne saison les plantes désirées et récoltez leurs graines avant de les stocker au sec en attendant la période de semis. Sinon, il y a toujours la possibilité de se tourner vers de bons grainetiers (bio !) qui proposent à la vente ce genre de plantes. Pour d'autres, reste aussi l'implantation directe en prélevant dans la nature* quelques sujets (avec un maximum de racines et de terre autour) pour les replanter chez vous rapidement. Cette méthode est plus délicate, car certaines plantes, en particulier les annuelles, supportent difficilement ce genre de traitement. Mais si on les bichonne bien, cela permet de gagner du temps. Choisir la transplantation à l'automne ou au début du printemps lorsque les pieds sont jeunes et ont peu de racines.

* À ne réserver qu'aux plantes qui abondent et qui ne sont pas protégées, bien sûr ; il ne s'agit pas de piller ou de dévaster toute la flore d'un site ! Le prélèvement doit s'effectuer avec parcimonie pour que les végétaux continuent à prospérer dans leur habitat naturel.

Les ails sauvages

Allium spp.
Ail des ours, ail triquètre, ail rose, ail de Naples, ail à tête ronde, ail joli…

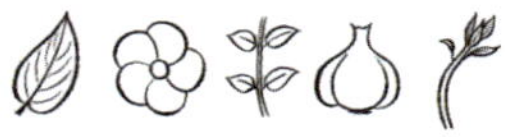

Il existe de nombreux ails sauvages aussi délicieux en cuisine que décoratifs au jardin. Pourquoi ne pas chercher à les acclimater chez soi ?

Présentation

Dans la nature, on peut trouver de jolis ails sauvages pouvant s'acclimater dans nos jardins comme en pot. Certains se trouvent dans le commerce, comme le fameux ail des ours (*Allium ursinum*), caractérisé par deux larges feuilles basales et ses fleurs étoilées blanches poussant d'avril à juin. L'ail triquètre (*A. triquetrum*) et l'ail de Naples (*A. neapolitanum*) poussent en colonie de feuilles linéaires et planes avec une tige à 3 angles portant de jolies clochettes blanches en ombelle en mars-avril. L'ail rose (*A. roseum*), aux feuilles longues et plates, porte d'avril à mai des clochettes roses ou blanches regroupées en ombelle. Plus tardif, l'ail à tête ronde (*A. sphaerocephalon*) offre ses fleurs rose-pourpre resserrées en boule de juin à juillet. Quant à l'ail joli (*A. coloratum*), il faudra attendre l'été pour découvrir ses jolies ombelles lâches aux fleurs roses, pourpres ou blanches (attention, cet ail est protégé dans certaines régions). Tous possèdent une forte odeur d'ail !

Culture

Suivant les espèces, la culture de ces bulbeuses est différente : lieux humides ombragés ou à la mi-ombre pour les ails des ours et triquètre, soleil et terrain sec pour les autres. L'ail des ours appréciera une terre riche qui ne dessèche pas l'été. Lorsque le feuillage commence à jaunir, c'est le moment idéal pour prélever ces plantes (avec modération) ou recueillir graines ou bulbilles afin de les semer dès l'été. On peut aussi acheter des plants dans le commerce !

Associations

Les fleurs délicates et aériennes de ces ails trouveront leur place dans n'importe quel massif fleuri en apportant une petite touche de naturel. Et elles auront le bon goût de se multiplier chaque année !

Gastronomie (cf. recettes p. 274, 284, 285, 286 et 291)

Quasiment tout se consomme dans ces ails sauvages, du bulbe à la fleur en passant par les feuilles ! Éviter toutefois la consommation des bulbes pour avoir le plaisir de retrouver les plantes l'année suivante ! Les fleurs et les boutons floraux sont une merveille gustative (et visuelle) dans toutes vos crudités avec leur saveur d'ail délicate. Les jeunes feuilles feront de goûteux pestos et aromatiseront sauces et plats divers.

Précautions

Confusion possible avec d'autres espèces d'ail, mais la plupart sont comestibles. Quant à l'ail des ours, attention à ne pas le confondre avec les feuilles du muguet ou du colchique qui, eux, ne sentent pas l'ail et sont toxiques.

En haut, de gauche à droite : ail des ours, ail triquètre et ail de Naples.
En bas, de gauche à droite : ail rose, ail à tête ronde et ail joli.

L'angélique des bois

Angelica sylvestris
Angélique sauvage, herbe à la fièvre

Majestueuse plante sauvage, l'angélique des bois est une plante médicinale et culinaire très décorative, idéale dans un jardin ombragé.

Présentation

Très proche de l'angélique officinale cultivée (*Angelica archangelica*), l'angélique des bois est une grande plante sauvage de la famille des Apiacées pouvant atteindre 1,80 m de haut. Fréquente dans les lieux humides (sous-bois, clairières, berges et prairies), c'est une bisannuelle ou vivace poussant en touffe dressée et ramifiée aux tiges épaisses, cylindriques et striées, vertes ou pourpres. Ses grandes feuilles d'un vert mat sont alternes, composées de larges folioles ovales bordées de dents aiguës. Elle fleurit de juin à septembre en grande ombelle globuleuse composée de petites fleurs blanches ou rosées. Les graines, pourvues de 2 ailes à côtes latérales, sont aromatiques lorsqu'on les froisse.

Culture

L'angélique n'aimant pas être déplacée, bien réfléchir à son emplacement avant de la cultiver. On lui choisira un endroit spacieux où elle pourra s'étaler, à l'ombre ou au soleil léger, dans un sol frais, fertile, humide et un peu argileux. Elle appréciera un apport en potasse et un l'arrosage par temps sec. Le semis se fait en place à l'automne ou au printemps. Elle se ressème ensuite spontanément.

Associations

Plante très décorative tant pour ses grandes feuilles que par ses superbes ombelles, elle sera parfaite dans un fond de massif ombragé ou protégée sous un arbre. On pourra l'associer aux hostas, à certains ails comme l'ail des ours, aux menthes, au polypode ou encore aux dahlias.

Gastronomie

Sa saveur est plus amère et plus aromatique que chez l'angélique cultivée. Les jeunes pousses crues ou cuites servent de condiment ou de légume.

Les jeunes tiges se mangent crues après avoir été pelées. On peut aussi les cuire à la manière des asperges ou les confire au sucre. Les feuilles aromatiques peuvent être consommées en petite quantité à condition de les cuire dans plusieurs eaux. Les fleurs odorantes s'emploient pour parfumer crèmes, sirops, desserts et boissons. Quant aux graines, leur saveur piquante les fait utiliser comme épice.

Précautions

Le contact avec la plante fraîche suivi d'une exposition au soleil peut provoquer des dermites et des réactions photosensibilisantes.

La bourrache

Borago officinalis
Langue de bœuf, buglosse des jardins

Impossible d'avoir un jardin sans y convier les étoiles bleu azur de la bourrache qui attirent autant nos regards que les insectes pollinisateurs ! Une belle sauvageonne comestible, utile à tout point de vue...

Présentation

Plante annuelle et parfois bisannuelle de la famille des Borraginacées, la bourrache est une habituée des jardins, où elle s'invite spontanément quand le lieu lui convient. Jeune, elle pousse en rosette de feuilles vertes gaufrées et poilues, qui développe ensuite une tige cylindrique épaisse aux poils piquants gris argenté. La touffe peut atteindre 60 cm. Les fleurs ressemblent à de petites étoiles à 5 pétales bleus, plus rarement roses ou blancs, et se produisent de mars à l'automne. Elles donneront naissance à une multitude de petites graines noires qui se ressèment facilement, parfois jusqu'à 3 générations en une seule année.

Culture

La bourrache se cultive en pot comme en pleine terre : elle apprécie les terres légères et drainées avec un bon ensoleillement et de l'arrosage. Une terre riche la rendra néanmoins plus vigoureuse. On la sème au printemps (possible aussi en automne) directement en place, car elle n'aime pas être déplacée. Si elle se plaît, la bourrache se ressème spontanément au point de devenir envahissante, mais ce n'est pas grave, on mangera ses plantules !

Associations

Attirant les pollinisateurs tout en enrichissant le sol en potassium et en calcium, c'est une plante utile au potager et au verger. Ses fleurs bleues seront mises en valeur avec l'orange des soucis et des capucines. On peut jouer les camaïeux en massif de fleurs avec les bleus et les mauves du tulbaghia, de l'iphéion, de la nigelle, de l'hysope ou des violettes.

Gastronomie (cf. recettes p. 281, 284, 287 et 291)

Les très jeunes feuilles finement hachées peuvent se consommer crues dans des crudités ou des crèmes en donnant une saveur de concombre. Elles se cuisinent également en soupe, en beignets et en gratin ou agrémentent farces et sauces. Les fleurs à la saveur iodée proche de l'huître décorent salades, verrines et plats divers. Elles ont par ailleurs des vertus médicinales (pectorales et diurétiques).

Précautions

Il convient de ne pas en faire une consommation excessive, car la bourrache contient des alcaloïdes néfastes pour le foie.

La carotte sauvage

Daucus carota

Plante sauvage très commune, la carotte sauvage trouve sa place au jardin d'agrément pour ses magnifiques ombelles comestibles, véritables dentelles végétales...

Présentation

La carotte sauvage est une Apiacée herbacée bisannuelle, familière à tous. Lors de sa première année, elle pousse en rosette de feuilles vertes poilues, molles et très découpées aux tiges également poilues. L'année suivante, elle développe de grandes tiges rigides et velues portant de larges ombelles blanches ou rosées, entourées à leur base de bractées très divisées caractéristiques. La floraison, qui se produit de mai à novembre (et parfois au-delà), se compose de 20 à 30 ombellules, avec souvent au milieu de l'ombelle une petite fleur stérile pourpre ou noire. L'ombelle se referme ensuite en « nid d'oiseau », protégeant les graines (akènes) vertes qui brunissent à maturité. Toute la plante exhale une forte odeur de carotte.

Culture

Peu exigeante, la carotte sauvage se contente naturellement de sols secs et calcaires en plein soleil ou à la mi-ombre. Dans une terre plus riche, son feuillage sera plus tendre, mais il faudra que le sol reste drainant. Les graines se récoltent à l'automne et se sèment aussitôt ou au printemps. La première année verra l'apparition de la rosette de feuilles ; elle ne fleurira que la seconde année avant de mourir… et de se ressemer !

Associations

Idéale pour une prairie naturelle fleurie, la carotte sauvage peut aussi jouer la carte de la sophistication avec ses ombelles et ses « nids d'oiseau » si graphiques ! Elle se marie aussi bien avec des sauvageonnes comme le coquelicot, la mauve et la bourrache qu'avec des cultivées comme le cosmos, la nigelle, le cléome, la rose trémière ou le topinambour.

Gastronomie

La carotte sauvage se consomme de la tête au pied. Les jeunes feuilles se cueillent en début de première année : leur forte odeur de carotte aromatisera les plats cuisinés à l'instar des fanes de carotte cultivée. La frêle racine se récolte à la fin de cette première année : trop souple et petite, elle ne pourra être râpée, mais il sera possible de la hacher crue ou de la cuire en légume. Elle possède un goût prononcé. Les ombelles (sans les bractées) décorent les salades, se préparent en beignet et servent aussi à aromatiser des boissons. Enfin, les jeunes graines servent de condiment dans les plats salés ou sucrés : vertes, elles ont un goût proche de celui de la térébenthine, puis, lors de leur brunissement, un parfum de poire.

Précautions

La famille des Apiacées comprend de nombreux membres toxiques et il convient d'être prudent. *A contrario* de la carotte, qui est velue, ces plantes dangereuses sont généralement glabres, comme la ciguë par exemple, et ne possèdent pas sa forte odeur de carotte.

Le centranthe

Centranthus ruber
Lilas d'Espagne, valériane rouge, fausse valériane

Très décoratif et peu exigeant, le centranthe est une jolie plante sauvage que l'on retrouve souvent dans les jardins d'ornement. Il a aussi le bon goût d'être comestible !

Présentation

D'origine méditerranéenne, le centranthe est une Caprifoliacée se trouvant à l'état sauvage dans les lieux incultes, souvent secs, rocailleux et ensoleillés du Midi. Poussant en touffe, cette herbacée vivace peut atteindre 1 m de haut lors de sa floraison. Ses tiges sont creuses et lisses, avec des feuilles vertes opposées, ovales et lancéolées, de texture charnue. Il fleurit généralement d'avril à octobre en corymbe rose, rouge ou blanc. Très mellifère, il sera donc utile pour attirer les pollinisateurs au jardin.

Culture

Voici une jolie plante, parfaite pour qui veut créer un jardin ne nécessitant pas trop d'arrosage ni d'entretien ! Elle ne demandera que du soleil et un terrain bien drainé, de préférence calcaire. Mais si vous avez la chance d'avoir un sol riche, votre centranthe s'en accommodera très bien aussi et n'en sera que plus beau ! Son feuillage étant caduc en région froide, l'entretien se limitera à couper au printemps les vieilles tiges de l'an passé. Le centranthe est rustique (jusqu'à – 19 °C) et se ressème aussi facilement.

Associations

Le centranthe est idéal pour former de beaux massifs sans trop d'entretien. Il sera très joli en association avec l'alysson ou des herbes aromatiques comme la lavande ou l'hélichryse dans les jardins secs.

Gastronomie (cf. recettes p. 287, 291 et 296)

Même si ses feuilles sont un peu amères (surtout en vieillissant), le centranthe constitue un excellent et prolifique légume vert : on préférera l'utilisation des sommités feuillues ; et pour pallier l'amertume, une cuisson dans plusieurs eaux y pourvoira. Jeunes feuilles et fleurs se dégustent aussi en salade, en accompagnement d'autres herbes.

Précautions

Ne pas confondre le centranthe avec le vrai lilas, qui est un arbuste, ou la valériane officinale.

Le coquelicot

Papaver rhoeas

Emblématique des champs et des cultures messicoles, le joli coquelicot devrait être plus souvent utilisé dans les jardins, car il est comestible et médicinal !

Présentation

Le coquelicot commun est une annuelle de la famille des Papavéracées. Il pousse en touffes de 50 à 70 cm de haut qui peuvent apparaître dès l'automne. Ses feuilles sont généralement alternes, poilues et découpées. La tige velue produit du latex lorsqu'on la coupe. La floraison arrive au printemps : les fleurs comportent 4 pétales rouge vermillon, d'aspect un peu froissé, se chevauchant légèrement. Un plant porte plusieurs fleurs qui produiront jusqu'à 1 000 graines par capsule ! Il existe plusieurs espèces sauvages de coquelicot en France, comme *Papaver hybridum*, aux pétales rouge violacé, ou *P. dubium*, aux pétales orange clair, qui sont aussi comestibles mais moins décoratifs. Les variétés horticoles de coquelicot arborent parfois d'autres couleurs : blanc, rosé, orange ou rouge grenat.

Culture

En pot comme en pleine terre, le coquelicot se sème en septembre (ou au printemps après les gelées). Le substrat lui importe peu à condition qu'il soit drainant. Il exige par contre du soleil pour fleurir. Un peu d'arrosage sera nécessaire pour sa croissance. Le coquelicot se ressème spontanément si les conditions lui conviennent.

Associations

Planté en masse dans un grand pot ou garnissant un fond de massif, le coquelicot est très décoratif en groupe. On peut jouer le côté nature en lui adjoignant des nigelles et des ails sauvages ou la sophistication avec des tulipes, des rosiers ou des hémérocalles précoces.

Gastronomie (cf. recettes p. 275, 284, 305, 319 et 326)

Il est intéressant de semer du coquelicot, car (presque) tout se mange chez lui ! Ses jeunes rosettes de feuilles font merveille en salade avec leur saveur douce. Cuites, elles se cuisinent comme un légume-feuille classique. Associez-les avec de jeunes pousses d'ortie et vous obtiendrez le potage préféré du Roi-Soleil ! Les pétales, outre leurs vertus antitussives et sédatives, sont très décoratifs dans les crudités et agréables à déguster. Ils servent aussi à confectionner bonbons et sirops. Les jeunes ovaires verts (le centre de la fleur) ont un petit goût de noisette. Quant aux graines, on les utilise, à l'instar des graines de pavot du commerce, en pâtisserie et biscuiterie par exemple.

Note

Même s'il est de la même famille que le pavot à opium, on ne risque rien à consommer du coquelicot !

La cousteline

Reichardia picroides
Salade des chasseurs, reichardie faux-picris, picridie

Proche du pissenlit avec ses fleurs jaunes et ses feuilles découpées, la cousteline est une jolie salade sauvage de saveur douce et croquante, facilement naturalisable chez soi.

Présentation

Très appréciée dans le Midi d'où elle est originaire, la cousteline est une Astéracée annuelle poussant en rosette de feuilles glabres et charnues d'un vert bleuté parfois taché de lie-de-vin. Ces dernières sont longues, plus ou moins dentées et renferment un latex blanc. La cousteline fleurit quasiment toute l'année ; les capitules composés de ligules jaunes à l'extrémité d'une longue tige sont solitaires. Ceux-ci une fois fanés, persisteront pendant de longs mois des sortes de petits entonnoirs, très caractéristiques.

Culture

Si on souhaite implanter chez soi, en pleine terre ou en pot, cette jolie et délicieuse sauvageonne, il faudra lui offrir une terre drainante, pas trop riche et bien ensoleillée. Peu exigeante, elle se ressèmera un peu partout pour peu qu'elle se plaise. Il ne restera plus qu'à la récolter !

Associations

La jolie couleur vert bleuté de ses rosettes comme ses mignonnes fleurs jaunes peuvent être un attrait dans un jardin nature ; en compagnie de jacinthes au printemps, d'iphéions au feuillage vert tendre ou, plus tard, de nigelles bleues, elles formeront un charmant tableau.

Gastronomie (cf. recettes p. 271, 280 et 284)

Les feuilles de la cousteline constituent l'une des meilleures salades sauvages, car elles sont croquantes, tendres et sans amertume. On la récoltera principalement en automne et au printemps, au moment où les feuilles sont souples et charnues. L'été et le manque d'eau les rendent plus coriaces. Elle est parfaite en mesclun avec d'autres salades ou en crudités diverses. On peut également la cuire. Fleurs et boutons floraux se dégustent aussi.

Astuce

Les petits « entonnoirs » secs, vestiges des fleurs passées, sont un bon indice pour la dénicher dans la nature.

En haut : rosette de feuilles de cousteline. En bas à gauche : « entonnoirs » caractéristiques et fleur. En bas à droite : massif de coustelines.

La cressonnette

Cardamine hirsuta

Cardamine hérissée, cresson des murailles

Fréquente « mauvaise herbe » des friches et des cultures, la cressonnette est souvent arrachée par méconnaissance. Cette délicieuse petite plante au goût de cresson est pourtant à découvrir !

Présentation

Répandue dans toute la France, la cressonnette est une Brassicacée qui se reconnaît facilement avec sa rosette compacte de feuilles découpées en 5 à 11 folioles arrondies poussant en hiver. Rapidement vont se dresser des tiges de 8 à 30 cm portant de petites fleurs blanches à 4 pétales. Après fécondation, des gousses allongées contenant les graines et appelées siliques apparaissent. Cette plante annuelle se reproduit facilement grâce à l'expulsion « explosive » de ses graines à maturité des siliques.

Culture

La cressonnette est peu exigeante et il n'est pas rare d'observer de superbes spécimens dans une faille de rocher ou de goudron de route ! Elle se prêtera donc facilement à la culture en pot comme au jardin. On peut prélever quelques rosettes sauvages pour les repiquer chez soi ou la semer à l'automne ou au printemps (pour une récolte estivale, à condition de bien l'arroser). Prévoir un sol drainant au soleil ou à la mi-ombre. Sa petite taille ne gênera pas vos cultures mais elle poussera moins bien si une voisine la surplombe.

Associations

Dans une rocaille ou en pot, au milieu de bulbeuses printanières comme les jacinthes et les iphéions ou de vivaces comme les alysses.

Gastronomie (cf. recette p. 284)

Riche en vitamines A et C ainsi qu'en minéraux et oligoéléments, la cressonnette est aussi très intéressante au niveau gustatif avec sa saveur douce, parfois un peu piquante, et son goût de cresson. Feuilles et fleurs se dégustent en salade, mais elle se prête aussi volontiers à la cuisson en potage et en soupe, ou encore en condiment pour sauces chaudes ou froides.

Précautions

Ne pas prélever de spécimens poussant près des élevages dans les milieux humides, qui peuvent être contaminés par la douve du foie. Attention donc aux endroits fréquentés par les bovins ou les ovins. La cuisson élimine le risque.

La criste-marine

Crithmum maritimum
Perce-pierre, fenouil de mer, céleri de mer

Cette habituée des bords de mer gagnerait à être davantage cultivée au jardin, car elle est décorative et peu exigeante. Invitons-la donc chez nous et dans nos assiettes !

Présentation

Plante vivace de la famille des Apiacées, la criste-marine s'enracine profondément entre les rochers de son habitat naturel. Elle forme de larges buissons au feuillage charnu, vert et aromatique qui dégage une odeur d'anis lorsqu'on le froisse. En été, elle fleurit en élégantes ombelles vert jaunâtre. À maturité, en automne, elles se dessèchent en libérant de petites graines ovoïdes et noires qui ont servi par le passé de succédané de poivre.

Culture

Les graines se récoltent dès la fin de l'été et se sèment en automne ou au printemps. La criste-marine a besoin de soleil et de substrat très drainant, pauvre, sableux voire caillouteux, car elle déteste avoir les pieds dans l'eau ! Il faudra de la patience car, jeune, sa croissance est lente. On peut également installer des plants plus développés pour gagner du temps. Peu exigeante et facile à cultiver en potée comme au jardin, elle est rustique (jusqu'à – 17 °C) et ne craint ni le sel, ni les embruns.

Associations

Plante couvre-sol idéale dans une rocaille sèche ou retombant sur un muret, la criste-marine peut se mêler à la lavande : le contraste entre ses feuilles vert tendre et l'améthyste des fleurs de lavande fera merveille. La nepeta conviendra également, tout comme l'hélichryse ou des bulbeuses peu exigeantes comme les ails sauvages ou d'ornement.

Gastronomie (cf. recettes p. 271, 275, 301 et 319)

La criste-marine est un condiment riche en vitamine C, très apprécié en cuisine avec sa saveur évoquant le céleri, le fenouil et la carotte ! Ses jeunes feuilles crues se rajoutent aux crudités. On les saute à la poêle après les avoir blanchies, pour les consommer avec du poisson, des coquillages ou des légumes. Elles sont aussi délicieuses en pickles. Les graines, à la fois anisées et poivrées, s'utilisent comme épice.

Précautions

Dans certaines régions, la criste-marine est protégée. Ne prélever des graines pour les semer chez soi que dans les lieux où sa cueillette est autorisée. Ou privilégier l'achat de plants dans le commerce…

En haut : feuilles et ombelles. En bas : la couleur vert anis des inflorescences est bien mise en valeur ici avec le feuillage argenté de l'hélichryse.

Le diplotaxe

Diplotaxis erucoides
Fausse roquette, roquette blanche

Fleurissant généreusement l'hiver en climat doux, le diplotaxe apporte de la gaieté et de la lumière dans les plates-bandes. Cette jolie annuelle est aussi une excellente comestible !

Présentation

Herbacée annuelle très commune dans les sols riches en nitrate du Midi comme les vignes et les zones cultivées, le diplotaxe pousse souvent en vaste colonie. Les feuilles de cette Brassicacée ont une légère odeur de chou. Elles sont alternes, très divisées à nervure centrale blanche et au limbe vert, avec des tiges érigées pubescentes et rougeâtres. Il fleurit deux fois : au printemps et en automne-hiver, parfois toute l'année en région méditerranéenne. Ses fleurs blanches à 4 pétales regroupées à l'extrémité des tiges exhalent un délicieux parfum de miel et sont très appréciées des pollinisateurs.

Culture

Plante annuelle de cycle court, le diplotaxe se sème en place de mars à septembre, en pleine terre ou en pot. Il appréciera une terre argilo-calcaire ainsi qu'une situation ensoleillée. S'il se plaît, il se ressèmera spontanément pour former de beaux tapis de fleurs mellifères. C'est aussi un excellent engrais vert au jardin.

Associations

Un massif de diplotaxes sera ravissant en fond, devant des fleurs précoces comme les primevères et les pensées, ou mélangé avec des centranthes pour un effet champêtre. Il pourra habiller également des pieds d'arbustes ou de rosiers.

Gastronomie (cf. recette p. 284)

Les feuilles et les fleurs du diplotaxe ont une saveur piquante entre la roquette et la moutarde. Elles sont très appréciées en salade ou en pesto. Les feuilles se cuisent aussi et perdent alors leur goût piquant. On peut les utiliser dans les soupes, les gratins, les tartes aux herbes, en omelette, en lasagnes…

Précautions

Prendre garde aux lieux de cueillette ou de prélèvement de plants, car le diplotaxe pousse fréquemment dans les cultures, souvent « généreusement » traitées aux pesticides et aux engrais, comme les vignobles ou les vergers.

Le fenouil sauvage

Foeniculum vulgare
Fenouil commun, fenouil officinal

Le fenouil sauvage s'introduit aisément au jardin d'agrément, où on appréciera ses jolis panaches feuillus, ses élégantes fleurs jaunes et ses qualités culinaires !

Présentation

Le fenouil sauvage est une grande Apiacée méditerranéenne, vivace ou bisannuelle, pouvant atteindre 2 m de haut. Dépourvu de bulbe contrairement au fenouil potager, il n'en dégage pas moins de saveur. Disparaissant l'hiver, il ressort au printemps en pousses vertes et plumeuses qui s'épanouissent ensuite en se divisant en lanières étroites, donnant un air échevelé à la plante. Ses longues tiges sont striées, lisses et creuses. Il fleurit de juillet à octobre en ombelle de petites fleurs jaunes aux pétales roulés vers l'intérieur. Les graines vertes deviennent ensuite grisâtres. Toute la plante exhale une forte odeur anisée. Il existe de splendides variétés horticoles, comme *Foeniculum vulgare* 'Bronze' au feuillage vert et pourpre.

Culture

Le fenouil se sème dès la fin de l'été sur un sol simplement gratté à sa surface. Il est possible de le cultiver en grand pot. Il apprécie le plein soleil et un sol très drainant, même sec. Il ne fleurira qu'à partir de la deuxième année mais, s'il se plaît, il se ressèmera très facilement ensuite. Ses fleurs attirent nombre de pollinisateurs ainsi qu'un splendide papillon, le machaon, qui aime à y pondre ses œufs.

Associations

Le fenouil, avec son feuillage élégant et sa floraison aérienne, apporte un côté champêtre aux compositions ; on l'installera plutôt en fond de massif ou au centre d'un grand pot. Ses couleurs feront bon ménage avec des lavandes, le centranthe, la nepeta et les sauges.

Gastronomie (cf. recettes p. 275, 280, 285 et 319)

Quasiment tout se mange chez le fenouil ! Les tiges épluchées se grignotent en friandise, les jeunes feuilles parfument les crudités et, plus âgées, on les cuisine avec des pâtes, du poisson, dans des soupes… Fleurs et graines se rajoutent aux charcuteries, viandes et poissons mais aussi dans les salades, les desserts. Elles aromatisent également des boissons.

Précautions

Attention, le fenouil déteste la compagnie de l'aneth ; il n'apprécie pas non plus les Fabacées comme les haricots ou les pois, ni la tomate, la courge ou l'épinard. En revanche, le planter près des framboisiers, des salades ou des poireaux est bénéfique.

À gauche : détail d'une ombelle. À droite : jeunes feuilles « plumeuses ».

La gesse

Lathyrus latifolius
Gesse à larges feuilles, pois vivace

Magnifique plante sauvage, la gesse à larges feuilles trouvera sans complexe une place dans nos assiettes mais aussi dans le jardin d'agrément avec ses splendides fleurs roses.

Présentation

Plante vivace grimpante pouvant s'étaler jusqu'à 2 m, la gesse à larges feuilles est une Fabacée sauvage très commune. On la reconnaît à ses tiges ailées, ses feuilles vert bleuté composées de 2 folioles ovales ou lancéolées, à ses vrilles s'accrochant à tout support, et surtout à ses grappes de 3 à 12 fleurs rose vif. De mai à octobre, la gesse produit ces grandes fleurs papilionacées qui, *a contrario* du pois de senteur, sont inodores. Les boutons floraux sont verdâtres et rosissent peu à peu. Les fleurs seront remplacées par des gousses vertes et glabres contenant les graines.

Culture

La gesse se sème au printemps ou en automne, en godet ou en place. La culture en pot est possible. Tremper les graines la veille avant de les planter. Elle accepte tous les sols en situation ensoleillée ou à la mi-ombre. Il y a peu d'entretien à faire, la plante étant rustique (jusqu'à – 25 °C) et résistante à la sécheresse. On peut ensuite la tuteurer ou la laisser ramper comme couvre-sol. Elle se ressème spontanément.

Associations

L'association avec des cosmos ou des tulbaghias, qui fleurissent au même moment, sera du plus bel effet pour une plate-bande dans les tons roses. On pourra y associer des glaïeuls et des dahlias de même tonalité. La gesse s'intègre aussi dans une haie libre, où elle s'accrochera avec ses vrilles à ses voisines.

Gastronomie

Les jeunes pousses se cuisinent comme un légume et peuvent aussi se manger crues. Les jeunes gousses, tout comme leurs graines, se consomment cuites de la même façon que des haricots. Les fleurs et les boutons floraux, à la saveur de petit pois cru, pourront décorer joliment salades, crudités et plats divers.

Précautions

Ne pas confondre avec le pois de senteur, qui n'est pas comestible. Une autre gesse sauvage (*Lathyrus sylvestris*), aux fleurs plus petites, se consomme aussi, ainsi que la gesse cultivée (*L. sativus*), aux petites fleurs bleues, plantée autrefois pour ses graines. Ne pas abuser de la consommation des graines, qui devront être cueillies avant maturité.

Les hélichryses

Helichrysum italicum et *H. stoechas*
Herbe à curry, immortelle d'argent, immortelle des dunes

L'hélichryse est une plante très intéressante à avoir chez soi pour son côté décoratif, sa facilité d'entretien, son arôme ensoleillé de curry et ses qualités culinaires.

Présentation

Sous-arbrisseau vivace méditerranéen de la famille des Astéracées, l'hélichryse se rencontre principalement sous 2 espèces très proches, comestibles et médicinales : *Helichrysum stoechas* et *H. italicum* aux capitules floraux plus nombreux et plus petits (c'est aussi cette dernière qui est la plus utilisée pour ses propriétés thérapeutiques). Toute la plante se caractérise par une forte odeur de curry et pousse en touffe dense au feuillage gris-vert argenté, blanchâtre en dessous, de 10 à 50 cm de haut. Ses tiges dressées ou couchées sont presque ligneuses. La floraison commence en mai et se compose de petits capitules globuleux jaunes regroupés en corymbe.

Culture

Les hélichryses se cultivent en pot comme en pleine terre, avec un bon ensoleillement, dans une terre pauvre ou calcaire, drainante voire caillouteuse. Elles ne craignent ni les embruns, ni la sécheresse ou le gel, mais redoutent l'humidité. On peut les bouturer en prélevant au printemps ou en août des rameaux non fleuris.

Associations

Privilégier des associations avec des plantes aromatiques de terrain sec comme la lavande, le romarin, l'origan, la sarriette, l'hysope ou encore le fenouil sauvage pour une plate-bande méditerranéenne très parfumée. On pourra y inclure également des ails (sauvages ou pas) et des alyssons.

Gastronomie

En cuisine, les hélichryses s'utilisent seulement en infusion de feuilles et de fleurs, qui aromatiseront plats de viandes, de poissons et de crustacés, mais aussi sauces et légumes. On peut également les rajouter à l'eau de cuisson des pâtes, du riz ou des céréales (2 ou 3 branches suffisent généralement). On utilise indifféremment les fleurs (de mai à août) ou les feuilles fraîches (toute l'année).

Précautions

L'hélichryse étant fortement aromatique, un surdosage entraînerait une forte amertume rendant le plat inconsommable. Il est préférable de l'incorporer en fin de cuisson. Ne pas ingérer la plante, sous peine de dérangements gastriques.

Les lamiers

***Lamium* spp.**
Fausse ortie

Sauvage ou cultivé, le lamier est un couvre-sol d'ombre intéressant pour ses feuillages et ses petites fleurs colorés. C'est en outre un excellent comestible.

Présentation

Ressemblant par leurs feuilles à l'ortie sans en avoir le côté piquant, les lamiers comportent de nombreuses variétés sauvages ou horticoles. Ces Lamiacées regroupent des annuelles comme le lamier pourpre (*Lamium purpureum*), aux fleurs roses et aux feuilles rougeâtres, et des vivaces comme le lamier blanc (*L. album*), à fleurs blanches et parfumées, le lamier tacheté (*L. maculatum*), à fleurs roses et à feuilles souvent maculées de blanc, ou le lamier jaune (*L. galeobdolon*), aux feuilles vert pâle et aux fleurs jaunes. Leurs feuilles poussent sur des tiges quadrangulaires rampantes et ont une forme de cœur dentelé et légèrement gaufré. Les espèces vivaces sont rhizomateuses et peuvent recouvrir une grande surface grâce à leurs stolons. La floraison s'étale du printemps à septembre, suivant les variétés.

Culture

En pot comme en massif, les lamiers ont besoin d'ombre pour prospérer. Ils sont peu exigeants pour la qualité du sol même s'ils apprécieront un peu de compost au printemps. On les installera de préférence à l'automne en prenant soin de limiter au départ la concurrence avec d'autres plantes.

Associations

Plantes tapissantes par excellence, les lamiers seront parfaits pour garnir le pied d'un arbre ou d'un rosier, ou encore un endroit ombragé du jardin où peu de plantes poussent. On pourra leur adjoindre la jacinthe, la primevère ou la pensée pour une jolie scène printanière.

Gastronomie (cf. recettes p. 291, 296 et 300)

Les lamiers s'emploient cuits de la même façon que l'ortie ou l'épinard, en soupe, en gratin, en lasagnes… Leur saveur est peu prononcée mais agréable.

Au printemps, on peut aussi ajouter dans les salades de très jeunes feuilles de lamier. Les fleurs sont également comestibles et décorent joliment les plats.

Note

Tous les lamiers sont comestibles et s'utilisent de la même façon.

En haut : massif de lamier tacheté. En bas, de gauche à droite : lamier jaune, lamier pourpre et lamier tacheté.

Les mauves

Malva **spp.**
Mauve sylvestre, mauve musquée, mauve alcée…

Plante médicinale et culinaire par excellence, la mauve, qu'elle soit sauvage ou horticole, est hautement décorative et devrait trouver une place dans chaque jardin.

Présentation

Dans la sympathique famille des Malvacées, les mauves sont des plantes vivaces ou bisannuelles communes dont on retrouve 6 espèces sauvages en France. Les plus intéressantes sur le plan ornemental sont la mauve musquée (*Malva moschata*), aux fleurs rose pâle et aux feuilles découpées en lanières étroites, la mauve négligée (*M. neglecta*), pour son côté couvre-sol, et surtout la grande (jusqu'à 1,50 m de haut) mauve sylvestre (*M. sylvestris*), aux larges feuilles palmées à 5 lobes, avec un coup de cœur pour sa sous-espèce *M. sylvestris* var. *mauritiana*, aux magnifiques fleurs rose vif veinées de pourpre foncé. Toutes portent en été des fleurs à 5 pétales échancrés en différents tons de rose, qui donneront ensuite de petits fruits circulaires appelés fromageons, formés de carpelles accolés et entourés de sépales verts.

Culture

En grand pot ou au jardin, les mauves apprécieront un sol riche, fertile et bien drainé, de préférence au soleil, même si elles peuvent pousser en terrain sec. On les sème en place à l'automne ou au printemps. Rustiques jusqu'à – 25 °C, elles disparaissent l'hiver pour réapparaître au redoux. Tailler la partie sèche à la reprise.

Associations

Qu'elles soient couvre-sol ou de haute taille, les mauves apportent de la légèreté au jardin avec leurs fleurs délicates et leurs belles feuilles décoratives. Placer les grands sujets en fond de massif, en groupe, en compagnie de vivaces et d'annuelles ou de légumes comme les blettes et les choux.

Gastronomie (cf. recette p. 291)

Les feuilles fournissent un excellent légume et se cuisinent en tourte ou en gratin, ou encore en soupe, qu'elles épaissiront naturellement grâce au mucilage qu'elles contiennent. Elles peuvent aussi se manger crues et être incorporées dans les salades, car elles sont tendres (surtout cueillies jeunes). Boutons floraux et fleurs se dégustent aussi, ainsi que les fromageons (ôter au préalable les sépales). Il est possible de les conserver au vinaigre. On peut aussi les sécher et les faire entrer dans la composition de la pâte à pain.

Précautions

La mauve étant laxative, ne pas la consommer en cas de diarrhée. Ne pas la cueillir lorsqu'elle est atteinte par la rouille (taches orange dues à un champignon).

En haut à gauche : mauve sylvestre. En haut à droite : la superbe mauve de Mauritanie. En bas : mauve musquée.

Le nombril-de-Vénus

Umbilicus rupestris
Ombilic

Adorable petite plante sauvage, le nombril-de-Vénus est facile à acclimater en pot comme au jardin dans un petit coin ombragé. Il est aussi décoratif dans nos assiettes.

Présentation

Familier des vieux murets ou des rochers moussus où il pousse en colonie, le nombril-de-Vénus est une succulente vivace de la famille des Crassulacées. Poussant au bout d'un long pétiole assez fragile, les feuilles glabres et charnues sont arrondies avec au centre une petite dépression en forme d'ombilic qui a donné son nom à la plante. Caduques, elles passent souvent du vert au rougeâtre en vieillissant et disparaissent après la floraison durant l'été. Cette dernière se compose d'une hampe verticale à petites fleurs tubulaires blanc jaunâtre.

Culture

Le nombril-de-Vénus n'a pas de grandes exigences de culture ; l'ombre ou la mi-ombre lui conviennent, une poche de terre drainante et on pourra l'installer dans un petit pot, une rocaille ou l'interstice d'un muret. Attention à ne pas endommager la plante lorsque vous la transplantez, car elle est fragile et les tiges se cassent facilement. À ne prélever bien sûr que lorsqu'elle est abondante dans la nature.

Associations

La compagnie des petites fougères, comme le polypode, qui nécessite la même culture, fera une scène charmante et naturelle. S'il est en hauteur sur un mur, par exemple, on peut lui ajouter au bas des pieds de sédum spectabile, des primevères et des pensées à petites fleurs ou des bulbeuses printanières.

Gastronomie (cf. recettes p. 278 et 284)

On ne cuit pas le nombril-de-Vénus, l'utilisation de ses feuilles sera pour des crudités, salades et entrées diverses. Elles peuvent aussi servir de réceptacle pour des tapenades, des crèmes et du houmous qu'on consommera à l'apéritif. Légèrement acidulées, tendres et charnues, elles se préparent aussi au vinaigre comme des cornichons.

Précautions

Seules les jeunes feuilles seront cueillies, car elles deviennent amères en vieillissant et davantage encore au moment de la floraison, où elles se révèlent coriaces. Prélever les feuilles sur plusieurs plants pour ne pas les épuiser.

L'onagre

Oenothera biennis
Œnothère, jambon du jardinier

L'onagre, avec ses belles hampes florales jaunes, ne passe pas inaperçue au jardin et trouvera également sa place en cuisine.

Présentation

D'origine nord-américaine, l'onagre est une grande herbacée bisannuelle de 50 cm à 1,50 m de la famille des Onagracées. Elle pousse en rosette de feuilles oblongues poilues et vert grisâtre. Elle fleurit généralement lors de sa deuxième année, de juin à octobre, au sommet d'une tige robuste et peu rameuse. Les fleurs sont grandes (de 4 à 6 cm de diamètre), à 4 pétales jaunes ; elles s'ouvrent spectaculairement en fin de journée, exhalant une odeur suave qui attire les papillons de nuit.

Culture

L'onagre se plante au printemps en pleine terre ou en bac dans un sol sablonneux et limoneux, drainant, même pauvre. Elle apprécie le plein soleil et ne craint pas le gel. Les graines se récupèrent à la fin de l'été ; on peut les semer à ce moment et jusqu'en octobre dans des sillons de 2 cm de profondeur. Si elle se plaît, l'onagre se naturalisera très facilement.

Associations

L'onagre se prête bien à une plantation en masse en fond de massif qui pourra être composé de lavandes, de bourrache, d'achillée ou d'hysope.

Gastronomie

Les racines se consomment à la fin de la première année de croissance, crues ou cuites à l'eau, à la poêle ou frites comme les panais et les salsifis. Les jeunes feuilles s'utilisent cuites en légume vert. Les fleurs décorent salades et crudités tandis que les graines s'emploient comme celles du pavot. L'huile tirée de ses graines est employée en cosmétologie et en médecine.

Précautions

Consommer les racines avant le développement de la hampe florale, car elles acquièrent alors un goût âpre et deviennent ligneuses. L'onagre se mange en mélange avec d'autres plantes ; seule, elle a tendance à irriter la gorge.

L'oxalis pied-de-chèvre

Oxalis pes-caprae

Faux trèfle, oxalide, oxalis des Bermudes

Jolie bulbeuse avec ses clochettes jaunes et son allure de trèfle, l'oxalis pied-de-chèvre est très envahissant et est considéré comme une « peste végétale ». S'il pousse chez vous, une solution pour limiter sa propagation : le manger !

Présentation

Originaire d'Afrique du Sud, l'oxalis pied-de-chèvre a été introduit comme plante ornementale en France à la fin du XVIIIe siècle. Il s'est rapidement échappé des jardins pour coloniser l'Europe méditerranéenne et a une fâcheuse tendance à concurrencer les plantes sauvages comme les espèces cultivées. Cette Oxalidacée vivace est facilement reconnaissable avec ses feuilles vertes à 3 folioles en cœur renversé, quelquefois tachées de brun, et ses clochettes jaune vif à 5 pétales. Il forme d'épaisses touffes tapissantes qui disparaissent l'été pour revenir en fin d'automne. Sa floraison s'étale de décembre à mai.

Culture

Il n'est pas recommandé d'installer cet oxalis chez soi, car la multitude de ses bulbilles auront tôt fait d'envahir vos plates-bandes ! Il pousse dans n'importe quel type de sol et ne craint que le froid, car il gèle à partir de – 6 °C. Si on veut cultiver des oxalis, mieux vaut se tourner vers des espèces horticoles moins envahissantes.

Associations

Ravissant avec des primevères, des violettes ou des pensées, mais attention à sa propension à s'étaler !

Gastronomie (cf. recettes p. 273, 278 et 284)

Puisque cet oxalis est très abondant, ne nous privons pas de le déguster, mais en quantité raisonnable (voir les précautions ci-après). Riches en vitamines A et C, en fer et en oxalates de potassium et de calcium, ses feuilles et ses fleurs ont une saveur nettement citronnée. Il se marie donc parfaitement avec du poisson en plat chaud ou froid. Sa petite note acidulée est aussi appréciée pour relever une salade, élaborer un pesto, une crème ou une sauce. On peut également réaliser une limonade rafraîchissante avec ses feuilles.

Précautions

De nombreux oxalis sont comestibles, comme l'oxalis corniculé (*Oxalis corniculata*), aux petites fleurs jaunes, ou l'oxalis pain de coucou (*O. acetosella*), aux fleurs blanches veinées de violet. Ne pas abuser de la consommation d'oxalis, car ils sont tous riches en oxalate, une substance irritante pour les reins.

La pimprenelle

Sanguisorba minor
Petite sanguisorbe, pimprenelle des jardins

Formant d'élégantes rosettes au feuillage découpé et de ravissants épis globuleux, la pimprenelle au goût de concombre est une plante intéressante à plus d'un titre !

Présentation

Autrefois cultivée dans les potagers pour ses qualités culinaires et ses vertus médicinales, la pimprenelle est une vivace rhizomateuse de la famille des Rosacées. Elle pousse en rosette de feuilles vert mat pouvant atteindre 60 cm de haut : elles sont composées de 9 à 25 folioles ovales, crénelées sur le pourtour. Elle fleurit d'avril à août en épi globuleux de 1 cm de diamètre où s'agglomèrent de petites fleurs sans pétales à 4 sépales vert et pourpre, formant ensuite des capsules contenant 2 ou 3 graines.

Culture

De culture aisée, la pimprenelle se sème à l'automne et se plante aussi au printemps dans un sol neutre ou calcaire, drainant, sec ou frais (les feuilles seront alors plus tendres). Au soleil ou à la mi-ombre, elle est très rustique et peut coloniser très facilement potées et jardins si on la laisse monter en graine.

Associations

Parfaite dans une rocaille ou une potée, la pimprenelle fera bon ménage avec des aromatiques comme la lavande, la sarriette, la criste-marine, ou encore le coquelicot et le centranthe.

Gastronomie (cf. recettes p. 278, 281, 284 et 291)

On utilisera en cuisine les folioles des feuilles, la tige étant un peu coriace. Avec sa saveur de concombre et de noix verte, la pimprenelle est idéale pour aromatiser crudités diverses, salades, verrines, rouleaux de printemps, mais aussi sauces, pestos, crèmes et mousses, ou encore en dessert pour relever des sorbets de fruits par exemple. On peut également la cuire pour l'ajouter aux soupes, aux légumes, aux fruits de mer…

Note

Il existe une autre pimprenelle, *Sanguisorba officinalis*, plus robuste, aux folioles allongées à dentelure plus fine, qui pousse en milieu humide. Elle est aussi comestible mais possède une saveur moins fine et ses feuilles sont plus dures. C'est une plante médicinale.

Le pissenlit

Taraxacum officinale
Dent-de-lion

Plante populaire et bien connue, le pissenlit peut être décoratif dans un jardin avec ses fleurs jaune d'or et ses délicates boules duveteuses... Et comme il est aussi bon pour la santé que dans l'assiette, pourquoi s'en priver ?

Présentation

Plante vivace, le pissenlit est une Astéracée poussant en rosette ou en touffe de feuilles glabres, de taille et de forme variables, en général divisées en lobes triangulaires dirigés vers le sol. La floraison peut avoir lieu dès février et perdurer durant l'été pour se prolonger en automne voire en hiver. Ses fleurs jaunes très mellifères donnent à maturité une boule duveteuse formée d'akènes plumeux. La tige est creuse, dépourvue de feuilles et ne donne qu'une seule fleur. Toute la plante sécrète du latex.

Culture

Le pissenlit s'installe facilement (en pot ou au jardin) et si on le laisse faire, il se ressèmera facilement un peu partout, que la terre soit riche ou pauvre. On le sèmera d'avril à juin avec une exposition ensoleillée pour une meilleure floraison. Dans les milieux riches en azote, il pourra être atteint de gigantisme !

Associations

On peut laisser le pissenlit s'installer au jardin et le ponctuer ainsi de taches d'or qui pourront être très esthétiques associées à des fleurs bleues ou violettes ou en camaïeu avec d'autres fleurs jaunes.

Gastronomie (cf. recettes p. 271, 280, 284 et 291)

Les feuilles parfois un peu amères du pissenlit sont un excellent dépuratif. Jeunes et tendres, elles constituent une salade recherchée à laquelle on pourra rajouter des fleurs ou des boutons floraux à la texture croquante et moelleuse. Les feuilles peuvent aussi se cuire, tout comme les racines que l'on fera sauter à la poêle, ou être cuisinées en beignets. Les fleurs se prêtent à de nombreuses autres préparations : gelée, « miel », vin, liqueur...

Note

Il existe beaucoup de plantes ressemblant au pissenlit, mais aucune n'est toxique. Une jolie méditerranéenne, la hyoséride rayonnante (*Hyoseris radiata*), qui se consomme de la même façon que le pissenlit, pousse en rosette dense de feuilles vert tendre pennées à segments triangulaires très décoratives.

En haut : touffe de pissenlit. En bas : sa cousine la hyoséride rayonnante.

Les plantains

***Plantago* spp.**
Plantain lancéolé, grand plantain, plantain corne-de-cerf…

Les plantains sont des plantes sauvages communes, utiles et reconnues pour leurs vertus médicinales et gastronomiques, mais intéressantes également par leur côté esthétique !

Présentation

Il existe plusieurs sortes de plantain en France, tous comestibles. Les plus courants sont le grand plantain (*Plantago major*), le plantain moyen (*P. media*), le plantain lancéolé (*P. lanceolata*), qui est le plus recherché au niveau gustatif et médicinal tout comme le plantain corne-de-cerf (*P. coronopus*). Les trois premiers ont des feuilles à nervures parallèles et poussent en rosette. Les feuilles du plantain lancéolé sont longues, à 5 à 7 nervures plus ou moins velues. Celles des deux autres sont larges, ovales et caduques à pétiole long pour le grand plantain, court pour le moyen. Les fleurs des plantains lancéolé et moyen sont minuscules et implantées sur de petits épis (1 à 3 cm chez le premier, 1 à 8 cm chez le second). Les épis du grand plantain sont beaucoup plus longs, de couleur verte, brunissant à maturité.

Culture

Peu exigeants et rustiques, *P. lanceolata* et *P. coronopus* demanderont un sol pauvre, drainé et sec (plus humide et riche pour *P. major* et *P. media*), au soleil ou à la mi-ombre. Ils se plantent généralement au printemps, en pot ou en pleine terre.

Associations

Les larges feuilles vertes de *P. major* mettent en valeur toutes sortes de fleurs multicolores basses tandis que *P. lanceolata* et *P. media* seront intéressants pour le graphisme de leurs feuilles et de leurs épis. *P. coronopus* sera aussi bien en rocaille qu'au potager.

Gastronomie (cf. recettes p. 278, 291 et 296)

Outre leurs vertus médicinales et cicatrisantes, les jeunes feuilles tendres se consomment en salade ou en pesto. Plus âgées (et plus coriaces), elles pourront être cuites et constituer un excellent légume vert à saveur de champignon (penser à les blanchir afin d'ôter leur amertume) pour des soupes, des gratins, des beignets, des tourtes… Les jeunes épis sont également comestibles cuits tandis, que les graines du grand plantain exhalent un goût de noisette et peuvent être séchées avant utilisation.

Précautions

Les plantains peuvent parfois être un peu envahissants, on en profitera alors pour les consommer !

En haut : touffe de grand plantain. En bas à gauche : plantain lancéolé. En bas à droite : plantain corne-de-cerf.

Le poireau sauvage

Allium polyanthum
Poireau des vignes

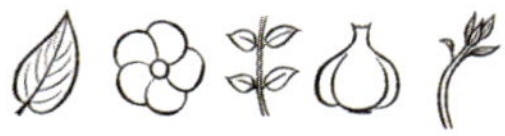

Avec ses fleurs rosées regroupées en belle ombelle globuleuse, le poireau sauvage s'intègre bien au jardin d'agrément avant de se retrouver en cuisine !

Présentation

Ressemblant à un poireau en miniature, le poireau sauvage fait partie de la famille des Alliacées comme l'ail et la ciboulette. Il se confond avec le poireau perpétuel (*Allium ampeloprasum*), vivace et pareillement comestible lui aussi. De sa tige unique blanche et cylindrique à la base partent de longues feuilles vert bleuté alternes et engainantes. Le bulbe souterrain s'entoure de nombreuses bulbilles blanches. À partir de mai, de longues tiges creuses portent de jolies ombelles globuleuses composées de petites fleurs à 6 tépales rosés. Il disparaît peu après pour réapparaître à l'automne.

Culture

En bac ou en pleine terre, le poireau sauvage vous demandera du soleil dans un sol drainant plutôt calcaire, même pauvre (il ne rechignera cependant pas à un ajout de compost mûr une fois par an !). Les bulbes se plantent en août-septembre et les plants se repiquent en automne ou au printemps. Le feuillage perdure durant l'hiver. À noter que plus on le coupe, plus il repousse. Les nombreuses bulbilles lui permettent de se propager et de former de belles colonies. Le semis est plus délicat.

Associations

Ses belles ombelles rosées, tout comme ses longues feuilles en lanière, sont très décoratives et pourront trouver place dans des massifs composés de fenouil sauvage, de carotte (sauvage ou cultivée), d'artichaut, de tulbaghia, de rosiers…

Gastronomie (cf. recettes p. 291 et 296)

De saveur plus fine que le poireau cultivé, il se consomme cru ou cuit, de la tête au pied ! Même s'il est dommage de sacrifier les bulbes pour les manger, ceux-ci se dégustent au vinaigre. Les feuilles et la tige ont une saveur piquante qui disparaît à la cuisson. L'utilisation est identique au poireau classique : en tarte, en soupe, en salade, en vinaigrette, en omelette...

Précautions

Pour préserver la plante, mieux vaut la couper plutôt que de l'arracher et de consommer ses bulbes. Ne pas utiliser les feuilles atteintes par la rouille.

À gauche : touffe de poireau sauvage. À droite : sa floraison très décorative !

Le polypode commun

Polypodium vulgare
Réglisse des bois, réglisse sauvage

Adorable petite fougère commune de nos sous-bois, le polypode a parfaitement sa place dans notre jardin d'agrément comestible avec sa délicieuse saveur de réglisse !

Présentation

Familier en sous-bois, sur les talus et les vieux murs à l'ombre, le polypode est une fougère vivace de la famille des Polypodiacées. Tout au long de son rhizome rampant sous la mousse, les frondes vertes à lobes profonds poussent isolément ; plus claires au revers, elles ne dépassent pas 5 cm par endroits pour atteindre près de 60 cm en milieu propice. Le rhizome fin mais charnu est entouré de radicelles et d'écailles rousses sous une chair vert pistache.

Culture

Facile à acclimater, le polypode peut pousser en pot, dans les interstices d'un muret, dans le creux d'un arbre ou en rocaille fraîche à l'ombre ou à la mi-ombre. Il apprécie les terres compostées, drainantes, voire caillouteuses. Ne craignant pas le froid ni la sécheresse, il peut être planté toute l'année. À noter : sa croissance est assez lente. Son feuillage est persistant et se renouvelle au printemps.

Associations

Compagnon idéal du nombril-de-Vénus, on peut lui associer primevères, pensées et violettes. Un peu de mousse lui sera aussi profitable tout en étant très esthétique.

Gastronomie (cf. recettes p. 307 et 318)

C'est uniquement le rhizome du polypode que l'on utilisera en cuisine : celui-ci, débarrassé de la terre, des radicelles et de l'enveloppe brune, se croque cru pour profiter pleinement de son goût de réglisse légèrement amer et sucré. On peut également le râper, le cuire ou le faire infuser pour confectionner crèmes, sauces, boissons, desserts…

Précautions

Le polypode possède des vertus médicinales, mais il ne faut pas en abuser ; il n'est d'ailleurs pas recommandé aux femmes enceintes. Il existe plusieurs espèces de polypodes en France, très proches de *P. vulgare*, comme *P. cambricum* et *P. interjectum*, qui possèdent des qualités similaires. Ne pas consommer les rhizomes d'autres fougères, qui pourraient être toxiques.

Le pourpier

Portulaca oleracea
Porcelane, porchaille, pourceline

Généreux couvre-sol, le pourpier pourra garnir nos plates-bandes desséchées durant l'été tout en régalant nos papilles et en faisant du bien à notre santé !

Présentation

Plante annuelle succulente de la famille des Portulacacées, le pourpier est un familier des potagers et des lieux incultes, où il s'invite fréquemment. Poussant d'avril-mai à octobre, il étale au sol ses tiges épaisses, brillantes et rougeâtres aux feuilles vertes et charnues ; un pied peut ainsi recouvrir plus de 50 cm autour de lui. Ses toutes petites fleurs jaunes à l'aisselle des feuilles arrivent dès le mois de juin, suivies de minuscules graines noires. Il existe une variété horticole, le pourpier doré, moins vigoureux que l'espèce type mais aux feuilles plus larges de couleur vert-jaune.

Culture

Le pourpier se sème après les gelées, en pot comme en pleine terre, au soleil dans un sol drainant, riche en matières organiques. La terre doit rester un peu humide jusqu'à la levée. Éclaircir si besoin. La récolte débute 8 à 10 semaines après le semis. S'il se plaît, il peut devenir un peu envahissant, on en profitera pour en manger davantage ! Récupérer les graines pour des semis ultérieurs, même si le pourpier se ressème facilement par lui-même (mais pas toujours aux bons endroits !).

Associations

Le pourpier est un bon couvre-sol estival et permettra à ce titre de garder au frais les pieds d'autres plantes. On peut l'installer au pied d'arbres ou d'arbustes, dans une rocaille fraîche ou au premier plan de massifs composés d'hémérocalles, de dahlias, de tournesols et de topinambours par exemple.

Gastronomie

Riche en magnésium, en vitamines et en oméga-3, le pourpier est bon pour notre santé et c'est un régal dans notre assiette. Cru, il se mange seul ou avec d'autres salades, parfait avec tomates et mozzarella. Tiges et feuilles sont croquantes, juteuses et acidulées. On peut aussi le confire au vinaigre, mais également le cuire comme légume vert, en soupe, en gratin, en tourte…

Précautions

En fin de saison, les tiges sont trop coriaces et les feuilles deviennent très petites. Ne pas le confondre avec le pourpier ornemental (*Portulaca grandiflora*), aux grandes fleurs multicolores, qui n'est pas comestible.

La roquette sauvage

Diplotaxis tenuifolia
Roquette jaune

Délicieuse salade sauvage, la roquette est à inviter impérativement dans nos jardins et nos potées, car en plus de ses qualités gustatives, elle est très jolie !

Présentation

Originaire du sud de l'Europe, la roquette était considérée comme aphrodisiaque et consacrée au dieu Priape durant l'Antiquité. Poussant en touffe buissonnante de 30 à 50 cm de haut, cette Brassicacée a des feuilles vertes longues et odorantes lorsqu'on les froisse. Les feuilles basales sont découpées en lobes lancéolés irrégulièrement découpés tandis que les feuilles supérieures peuvent être entières ou peu divisées. Toutes ont une nervure centrale blanche bien marquée. La roquette fleurit au printemps et en automne. Ses fleurs jaune vif à 4 pétales, très voyantes, permettent ainsi de la repérer de loin !

Culture

De culture simple, la roquette demande un sol de préférence calcaire et bien drainé. Elle pousse à l'ombre comme en plein soleil. On peut la semer au printemps ou au début de l'automne, en pleine terre comme en pot. Si elle se plaît, cette vivace peut aussi se ressemer toute seule. Dans la nature, elle apprécie le bord des chemins et le littoral.

Associations

Les belles touffes fleuries de la roquette feront merveille dans une rocaille. Elles feront un joli contraste associées au violet des violettes, pensées, jacinthes ou primevères.

Gastronomie (cf. recettes p. 280 et 287)

Antioxydant naturel contenant du soufre et de la vitamine C, cette roquette est très recherchée dans le Midi où ses feuilles et ses fleurs apportent une saveur piquante très agréable aux salades. Elle se déguste seule ou en mesclun avec d'autres herbes. Les feuilles se cuisinent également en légume vert : soupes, sauces, gratins… On peut la récolter quasiment toute l'année.

Note

La roquette sauvage peut se confondre avec la roquette cultivée (*Eruca sativa*), qui est aussi comestible mais moins forte en goût. Cette annuelle atteint une taille plus haute (jusqu'à 1 m) avec des fleurs plus fines, blanches à jaunâtres, et des feuilles tendres un peu plus larges.

Le salsifis à feuilles de poireau

Tragopogon porrifolius
Barbabouc, salsifis sauvage

Ce salsifis qui fleurit en étoile violette trouvera naturellement sa place au jardin d'agrément tant il est décoratif ! De plus, on pourra le manger de la tête au pied...

Présentation

Très proche du salsifis cultivé, ce salsifis est une bisannuelle de 30 cm à 1 m de haut de la famille des Astéracées. Ses longues feuilles étroites d'un vert de jade s'enroulent autour de la tige et sont aussi parfois ondulées. D'avril à juillet, sa floraison en forme d'étoile se compose de splendides capitules violets ou rougeâtres auréolés de longues bractées vertes. Rapidement, ils donneront naissance à de spectaculaires boules plumeuses formées d'akènes, elles aussi très décoratives, ressemblant à celles de pissenlits géants. Toute la plante produit du latex lorsqu'on la coupe.

Culture

On sème le salsifis en pleine terre de mars à mai dans un sol fertile, léger, drainé voire sableux. Il lui faudra une exposition ensoleillée pour bien fleurir. L'été, il appréciera un paillis ou des plantes couvre-sol (comme le pourpier) pour garder à son pied un peu de fraîcheur. Éviter le voisinage avec la carotte, l'artichaut ou le topinambour.

Associations

Il fera bon ménage avec la roquette, le fenouil et le poireau sauvages, qui apprécient le même genre de culture. À son pied, on pourra placer du pourpier, des pensées, des violettes ou quelques bulbeuses comme les ails sauvages, la ciboulette ou encore des tulbaghias.

Gastronomie

Sa longue racine jaunâtre se récolte d'octobre à mars et se consomme comme celle du salsifis cultivé : en soupe, en accompagnement ou en gratin. Les feuilles et les jeunes pousses printanières sont tendres, sans amertume ; elles se préparent en salade ainsi que les fleurs et les boutons floraux. On peut par ailleurs les cuire et les utiliser comme légume.

Note

Il existe d'autres salsifis sauvages (tous comestibles) mais moins spectaculaires, comme le salsifis des champs à capitule jaune solitaire, plus petit (*Tragopogon pratensis*).

La stellaire

Stellaria media
Mouron blanc, mouron des oiseaux

« Mauvaise » herbe très commune et prolifique des pots comme des jardins, la stellaire mérite pourtant qu'on s'y intéresse, car elle est délicieuse !

Présentation

Plante annuelle que l'on retrouve dans toute la France, la stellaire est ainsi nommée à cause de sa petite fleur blanche en forme d'étoile à 10 branches. De croissance rapide, elle s'étale de l'automne au printemps en tapis de 5 à 30 cm de haut. Ses tiges fragiles et délicates munies de poils blancs portent des paires de petites feuilles vert tendre, ovales aux extrémités pointues et opposées. Le pétiole a de longs poils blancs. Lorsque l'on cueille la plante, un « fil » central tendu apparaît au cœur de la tige.

Culture

La stellaire n'est pas commercialisée, cependant il est facile de l'inviter chez soi, car on la retrouve souvent cachée dans les pots de plantes que l'on achète. On prélèvera alors des fragments de tiges (déjà enracinées ou pas) pour les repiquer dans un peu de terreau. Elle se reproduira ensuite rapidement par semis spontané ou par voie végétative. Elle disparaît avec les chaleurs estivales pour réapparaître avec les pluies d'automne.

Associations

Poussant en touffe vert tendre, la stellaire mettra en valeur par sa couleur les printanières à fleurs violettes, comme certaines jacinthes, primevères et pensées, et bien sûr la violette !

Gastronomie (cf. recette p. 284)

Riche en vitamines A et C, oméga-6, calcium, fer et magnésium lorsqu'on la consomme crue, la stellaire est une excellente salade qui peut servir de base au mesclun. De saveur douce et sans amertume, elle s'utilise jeune, lorsqu'elle est tendre, avant qu'elle ne devienne filandreuse. Elle se cuisine également en plats chauds, comme légume vert (tartes, soupes, farcis…). On la récoltera d'octobre à juin, avant et pendant la floraison.

Précautions

Ne pas la confondre avec d'autres plantes appelées aussi « mourons », du genre *Anagallis*, qui sont toxiques : leurs fleurs sont orange ou bleu pervenche et les tiges sont démunies de poils. Prudence aussi lors des prélèvements dans les touffes denses de stellaire : des plantes toxiques, comme de jeunes euphorbes, peuvent s'y intercaler.

Les violettes

***Viola* spp.**
Violette odorante, violette des chiens

Qu'elles soient inodores ou d'un parfum suave, la violette sauvage et sa descendante cultivée savent nous charmer et trouveront naturellement leur place au jardin... comme dans notre assiette !

Présentation

Il existe de nombreuses espèces de violette sauvages ou cultivées, mais toutes ne sont pas parfumées : elles sont en revanche toutes comestibles. Vivaces, elles forment généralement des colonies grâce aux longs stolons qui s'enracinent autour de chaque plant. Suivant les espèces, les feuilles en forme de cœur peuvent être glabres ou velues, plus ou moins mates ou brillantes, vertes et même pourpres. Elles fleurissent de février à mai : leurs 5 pétales vont du violet intense au parme clair, en passant par le rose, le blanc pur ou le blanc moucheté.

Culture

En pot comme en pleine terre, il n'est pas difficile d'avoir des violettes chez soi ! D'une nature généreuse, elles auront tôt fait de prendre leurs aises et de constituer de magnifiques touffes. Les planter de préférence à l'automne, dans une terre riche en humus et bien drainée ; l'exposition peut aller de l'ombre au soleil.

Associations

Les violettes feront de jolis parterres contrastés avec les fleurs de souci, mais se marient également très bien avec les primevères, les pensées et les bulbeuses comme les tulipes.

Gastronomie (cf. recettes p. 284 et 285)

Extrêmement riches en vitamines A et C mais aussi en sels minéraux et en mucilage, les feuilles de violette sont aussi très intéressantes en cuisine, et cela toute l'année ! Jeunes et crues, elles agrémentent les salades tout comme leurs fleurs. Cuites, elles font d'excellentes soupes, qu'elles épaississent, et constituent un bon légume en farce, tarte, omelette… Les fleurs se retrouvent nature ou cristallisées dans les desserts, les sirops ou les confitures.

Précautions

Ne pas prélever dans la nature certaines espèces sauvages qui sont protégées.

Différentes espèces de violette, odorantes ou pas.

Alliaire

Aphyllante de Montpellier

Asphodèle

Bleuet

Brocoli sauvage

Catananche bleue

Autres belles sauvageonnes comestibles

Et voici une petite liste complémentaire d'autres jolies sauvageonnes comestibles à implanter chez soi pour un beau jardin (culture ; intérêt décoratif ; utilisation culinaire) :

ALLIAIRE *Alliaria petiolata*
pot ou pleine terre — feuillage et floraison — feuilles, fleurs

APHYLLANTE DE MONTPELLIER *Aphyllanthes monspeliensis*
pot ou pleine terre — floraison — fleurs

ASPÉRULE ODORANTE *Galium odoratum*
pleine terre — feuillage — feuilles, fleurs

ASPHODÈLE *Asphodelus ramosus*
bac ou pleine terre — floraison — jeunes pousses, grappes de fleurs, graines, racines

BERCE COMMUNE *Heracleum sphondylium*
pleine terre — feuillage — feuilles, boutons floraux, fruits

BISTORTE *Polygonum bistorta*
pot ou pleine terre — feuillage et floraison — feuilles

BLEUET *Centaurea cyanus*
pot ou pleine terre — floraison — pétales

BROCOLI SAUVAGE *Lepidium draba*
pot ou pleine terre — floraison — boutons floraux, feuilles

CAMPANULE RAIPONCE *Campanula rapunculus*
pleine terre — floraison — feuilles, fleurs, racines

CATANANCHE BLEUE *Catananche caerulea*
pleine terre — floraison — pétales, jeunes feuilles

Chénopode bon-Henri

Épilobe en épi

Fraisier des bois

Laitue vivace

Maceron

CHÉNOPODE BON-HENRI *Chenopodium bonus-henricus*
pleine terre feuillage feuilles

ÉPILOBE EN ÉPI *Epilobium angustifolium*
pot ou pleine terre floraison jeunes pousses

FRAISIER DES BOIS *Fragaria vesca*
pot ou pleine terre feuillage jeunes feuilles, fruits

LAITUE VIVACE *Lactuca perennis*
pot ou pleine terre floraison feuilles, fleurs

MACERON *Smyrnium olusatrum*
pleine terre feuillage et floraison racines, feuilles, fleurs, graines

MARGUERITE *Leucanthemum vulgare*
pot ou pleine terre floraison jeunes feuilles, pétales

MYOSOTIS *Myosotis* spp.
pot ou pleine terre floraison fleurs

ORPIN REPRISE *Hylotelephium maximum*
pot ou pleine terre feuillage et floraison jeunes feuilles

ORTIE *Urtica dioica*
pleine terre ; purin pour la santé du jardin feuillage jeunes feuilles, graines

PÂQUERETTE *Bellis perennis* – cf. variété cultivée p. 108

PRIMEVÈRES *Primula elatior*, *P. officinalis*, *P. vulgaris* – cf. variété cultivée p. 116

SAUGE DES PRÉS *Salvia pratensis* – cf. Sauges p. 194

SILÈNE ENFLÉ *Silene vulgaris*
pot ou pleine terre feuillage et floraison jeunes feuilles

SOUCI DES CHAMPS *Calendula arvensis* – cf. variété cultivée p. 126

Chapitre VI
Recettes

Qui dit plantes comestibles dit évidemment bons petits plats à concocter ! Car après l'effort, le réconfort, c'est bien connu… En toute saison, après toutes ces plantations, vous devriez récolter un grand nombre de plantes à salade, de feuilles à cuisiner, de fleurs, fruits et graines à déguster. Que faire alors de tous ces végétaux que nous n'avons pas toujours l'habitude de préparer ? Comment utiliser les délicates fleurs de jacinthe ou de pensée et que faire de ces nombreuses hémérocalles qui fanent chaque jour ? Comment me régaler avec les fleurs de yucca, les herbes sauvages ou les chutes de taille de ma haie d'arroche maritime ? Adorant cuisiner et aussi gourmands l'un que l'autre, Bernard et moi-même vous avons donc concocté quelques idées de recettes…

Retrouvez ainsi dans les pages qui suivent des propositions d'entrées, de plats ou de desserts avec quelques-unes des différentes plantes qui vous ont été présentées. Pour des recettes saines, faciles à réaliser et aussi belles à regarder que délicieuses à déguster, faites entrer la gourmandise du jardin dans votre assiette !

Pour l'apéritif

« Câpres » de fleurs et graines avec purée de pois chiches à la sarriette

Photo p. 276
Préparation : 25 min ▪ Cuisson : 5 min ▪ Repos : 1 semaine minimum

Pour les « câpres » :

- **Boutons floraux de : pissenlit, capucine, pâquerette, lavatère, cousteline, myrte, bégonia…**
- **Graines vertes et tendres de capucine**
- **Petites feuilles de criste-marine**
- **Vinaigre de cidre**
- **Bocaux stérilisés**

Pour la purée (4 personnes) :

- **1 bocal de pois chiches**
- **12 tomates cerises (3 par personne)**
- **Fleurs de tulbaghia, de sarriette et de basilic**
- **Plusieurs brins de sarriette en fleur**
- **Sauce soja**
- **Huile d'olive**
- **8 olives noires (2 par personne)**
- **Quelques feuilles de basilic**
- **Quelques graines germées au choix (alfalfa, haricot mungo…)**
- **Cumin en poudre**

Cueillir les différents végétaux (boutons floraux et graines) de préférence le matin.
Les rincer à l'eau froide et bien les égoutter. Les placer dans les bocaux.
Faire chauffer le vinaigre de cidre (quantité suivant les bocaux à remplir). Il est possible d'y adjoindre des aromates et des épices (laurier, estragon, thym, sauge, romarin, grains de poivre…). Remplir à ras bord les bocaux de vinaigre chaud, bien fermer avec les couvercles, puis les retourner.

Placer dans un endroit frais à l'obscurité et attendre au minimum 1 semaine avant de les consommer.

Passer au mixeur les pois chiches avec les feuilles de sarriette, puis rajouter un peu de cumin en poudre, une rasade de sauce soja et de l'huile d'olive jusqu'à obtenir une purée homogène.

Dresser dans chaque assiette un petit monticule de purée, saupoudrer de fleurs de basilic et de sarriette, ajouter des copeaux d'olives. Servir avec quelques graines germées, les tomates cerises, des feuilles de basilic et des fleurs de tulbaghia. Rajouter les câpres de fleurs et graines et servir aussitôt.

Crème d'oxalis

Photo p. 276
Préparation : 20 min ▪ Cuisson : 2 min

Pour 4 à 6 personnes :

- **Environ 50 g de feuilles d'oxalis (sans les tiges)**
- **40 g de graines de tournesol décortiquées**
- **40 g de noix de cajou**
- **30 g de parmesan râpé**
- **1 ou 2 c. à café de câpres**
- **Environ 5 cl de crème de soja**
- **Environ 5 cl d'huile d'olive**
- **2 gousses d'ail**
- **1 pincée de fleur de sel**
- **Crackers maison ou du commerce**

Éplucher et couper finement les gousses d'ail. Les mixer avec la fleur de sel jusqu'à obtention d'une bouillie. Après en avoir ôté les tiges, rajouter peu à peu les feuilles d'oxalis ainsi que les câpres et les mixer avec.

Faire dorer légèrement les graines et les noix de cajou à la poêle. Les incorporer petit à petit à la préparation dans le mixeur avec le parmesan. Finir ensuite avec l'huile d'olive et la crème de soja jusqu'à obtention de la consistance désirée.

Déguster sur des crackers ou de fines tranches de pain grillé.

Gougères à l'ail sauvage et au tulbaghia

Photo p. 277
Préparation : 25 min ▪ Cuisson : 30 min

Pour 6 à 8 personnes :
- **220 g de farine**
- **200 g de gruyère râpé**
- **80 g de beurre**
- **5 œufs**
- **50 cl d'eau**
- **Feuilles et fleurs d'ail sauvage (ail triquètre, rose, de Naples…)**
- **Feuilles et fleurs de tulbaghia**
- **Sel, poivre, muscade**

Préchauffer le four à 180 °C (thermostat 6).
Faire bouillir l'eau dans une casserole avec le beurre et le sel tout en remuant.
Une fois le beurre fondu, baisser le feu et incorporer la farine en mélangeant bien.
Une fois que la pâte obtenue se détache des parois de la casserole, la transvaser dans un grand saladier et incorporer les œufs un à un. Rajouter ensuite le gruyère râpé, les feuilles et les fleurs finement ciselées, le poivre et la muscade. Mélanger et vérifier l'assaisonnement.
Disposer sur une plaque recouverte de papier cuisson des petites boules de pâte et enfourner pour une vingtaine de minutes. Les gougères se servent chaudes, tièdes ou froides.

Gressins au sésame et aux graines sauvages

Photo p. 277
Préparation : 20 min ▪ Repos : 30 min ▪ Cuisson : 10 min

Pour 16 gressins :
- **200 g de farine**
- **3 c. à soupe de graines de sésame**
- **3 c. à soupe de graines de coquelicot (ou, à défaut, de pavot)**
- **2 c. à soupe de graines de nigelle (ou autres graines sauvages comme celles de la criste-marine, du fenouil sauvage ou encore du cléome cultivé au goût de réglisse)**
- **2 g de levure de boulanger**
- **3 c. à soupe d'huile d'olive**
- **Fleur de sel**
- **Eau chaude (non bouillante)**

Dans un saladier, verser la farine. D'un côté ajouter la fleur de sel, de l'autre la levure, puis l'huile d'olive et la moitié des graines. Pétrir en rajoutant peu à peu l'eau jusqu'à obtention d'une pâte lisse et élastique, légèrement collante. Former une boule et laisser reposer au chaud pendant une 30 min.
Préchauffer le four à 200 °C (thermostat 6-7). Diviser la pâte en 16 morceaux égaux et former 16 boules. Sur la table de travail, fariner très légèrement et répandre le restant des graines. Rouler chaque petite boule sur ce mélange pour former des boudins d'environ 1,5 cm de diamètre.
Les disposer sur une plaque à pâtisserie recouverte de papier sulfurisé et les laisser cuire environ 10 min, le temps qu'ils dorent un peu.

« Câpres » de fleurs et graines avec purée de pois chiches à la sarriette

Crème d'oxalis

Gougères à l'ail sauvage et au tulbaghia

Gressins au sésame et aux graines sauvages

Quatuor de pestos

Photo p. 282
Préparation : 15 min

- **1 petit bol de feuilles d'oxalis**
- **1 petit bol de feuilles de plantain lancéolé**
- **1 petit bol de feuilles de pimprenelle**
- **1 petit bol de feuilles de capucine**
- **1 poignée de graines de tournesol**
- **1 poignée de pignons de pin**
- **40 g de parmesan râpé**
- **4 gousses d'ail**
- **Huile d'olive**
- **Fleur de sel**
- **Crackers, tranches de pain grillé ou nombrils-de-Vénus**

Mixer finement chaque plante à part avec une gousse d'ail chacune et un peu de fleur de sel. Torréfier à sec dans une poêle les graines et les pignons, puis les mixer et les incorporer à parts égales avec chaque plante mixée. Rajouter le parmesan et l'huile d'olive jusqu'à obtenir la consistance désirée. Servir à l'apéritif sur des crackers maison ou du commerce, sur des fines tranches de pain grillé ou encore sur des nombrils-de-Vénus.

Entrées

Flan de fleurs d'hémérocalle aux courgettes

Photo p. 282
Préparation : 20 min ▪ Repos : 20 min minimum ▪ Cuisson : 1 h

Pour 6 à 8 personnes :
- **800 g de courgettes (bio)**
- **100 g de fleurs (fanées) d'hémérocalle (50 à 60 fleurs)**
- **4 tomates cerises allongées**
- **3 œufs**
- **2 c. à soupe de crème de soja semi-épaisse**
- **2 gousses d'ail**
- **1 pincée de graines de nigelle**
- **Huile d'olive**
- **Sel, curry**

Râper les courgettes avec la râpe à gros trous. Pocher les tomates cerises dans l'eau bouillante pour en retirer la peau, puis réserver.
Dans une grande poêle huilée, faire revenir à feu doux l'ail ciselé, les fleurs d'hémérocalle et les courgettes râpées pendant une quinzaine de minutes, le temps que toute leur eau s'évapore. Hors du feu, rajouter les œufs et la crème, les graines de nigelle, un peu de curry et de sel. Bien mélanger et verser la moitié de l'appareil dans un moule à cake préalablement recouvert de papier sulfurisé. Couper les tomates en deux et les déposer au centre du plat sur toute la longueur. Recouvrir du reste de la préparation.
Enfourner à 180 °C (thermostat 6) pendant 45 min environ. Laisser refroidir, démouler et placer au réfrigérateur.
Servir très frais !
Astuce : Cueillir les fleurs d'hémérocalle chaque matin sur plusieurs jours et les garder au congélateur, le temps d'avoir suffisamment de fleurs pour la recette. On peut utiliser indifféremment les fleurs fanées ou juste écloses, ainsi que les boutons floraux.

Mesclun d'automne et fromage de tête aux graines de fenouil

Photo p. 283
Préparation : 8 min

- **Cueillette de différentes repousses d'herbes automnales : fenouil, cousteline, laiteron, sédum spectabile, pissenlit, roquette, silène…**
- **Fromage de tête**
- **Graines de fenouil sauvage**
- **Vinaigrette à base d'huile d'olive et de vinaigre balsamique**

Laver et essorer les différentes herbes, puis les couper grossièrement avant de les déposer en couronne dans une assiette.
Placer au centre un bon morceau de fromage de tête et le saupoudrer généreusement de graines de fenouil.
Verser un filet de vinaigrette sur les herbes coupées et servir.
Astuce : Pour les herbes de ce mesclun sauvage, les proportions seront variables en fonction des différentes trouvailles et du nombre de personnes. Attention toutefois à utiliser les feuilles de fenouil avec parcimonie, car leur goût est très prononcé !

Rouleaux de printemps fleuris

Photo p. 283
Préparation : 40 min

Pour 16 rouleaux :

- **1 gros bol de fleurs : lavatère, capucine, bégonia, bourrache, pensée, ciboulette, pétales de souci et d'œillet…**
- **16 galettes de riz**
- **1 bol de feuilles de menthe ciselées**
- **1 bol de feuilles de mélisse ciselées**
- **1 petit bol de ciboulette ciselée et de pimprenelle effeuillée**
- **1 bol de carottes râpées**
- **1 bol de graines germées (alfalfa, fenugrec, haricot mungo…)**
- **60 g de vermicelles asiatiques**
- **1 omelette de 4 œufs coupée en morceaux**
- **1 poignée de cacahuètes mixées**
- **Sauce pour nems**

Préparer les différentes fleurs en enlevant les queues. Cuire les vermicelles 5 min dans l'eau bouillante. Les égoutter après les avoir passés sous l'eau froide.

Tremper quelques minutes une première galette de riz et l'étendre sur un linge humide. Déposer au centre un peu de chaque ingrédient : démarrer par les fleurs en étalant bien les pétales des plus grosses (pour le côté esthétique), puis rajouter les carottes, les vermicelles, les graines germées, l'omelette, la menthe, la mélisse, la ciboulette et la pimprenelle, puis parsemer de cacahuètes mixées. Verser quelques gouttes de sauce pour nems. Replier ensuite les côtés de la galette et en rabattre le bas sur le centre avant de la rouler vers le haut en « boudin ». Recommencer l'opération avec les autres galettes. Mettre au frais avant de déguster.

Astuce : Pour éviter que les rouleaux collent entre eux avant leur consommation, les entourer de film alimentaire.

Quatuor de pestos

Flan de fleurs d'hémérocalle aux courgettes

Mesclun d'automne et fromage de tête aux graines de fenouil

Rouleaux de printemps fleuris

Salade sauvage de fin d'hiver aux fleurs

Photo p. 288
Préparation : 15 min

Pour 4 personnes :

- **Salades sauvages : jeunes feuilles ciselées d'achillée millefeuille, ail triquètre, coquelicot, cousteline, cressonnette, laiteron, nombril-de-Vénus, oxalis, pensée, pimprenelle, pissenlit et stellaire (suivant vos trouvailles), auxquelles on peut rajouter les premières feuilles de capucine**
- **Fleurs d'alysson, bourrache, diplotaxe, jacinthe, oxalis, pensée, primevère, romarin et violette**
- **Quelques cerneaux de noix**
- **Huile d'olive ou de sésame**
- **Vinaigre balsamique**
- **Moutarde**
- **Sel**

Laver et essorer délicatement les différentes feuilles à l'exception des fleurs, qui ne nécessitent pas ce traitement.

Dans un saladier, préparer une vinaigrette avec une cuillère à café de moutarde, le vinaigre balsamique et l'huile. Saler, puis ajouter l'ensemble des salades, les fleurs de jacinthe et les noix, puis mélanger une première fois. Rajouter ensuite les autres fleurs, mélanger au moment de servir et déguster !

Salade de pois chiches aux pensées et aux violettes

Photo p. 288
Préparation : 5 min ▪ Cuisson : 10 min

Pour 6 personnes :

- **600 g de pois chiches en bocal**
- **24 fleurs de pensée**
- **Une trentaine de feuilles et de fleurs de violette**
- **Graines germées (type alfalfa et/ou fenugrec)**
- **Quelques jeunes feuilles de fenouil sauvage**
- **Une dizaine de feuilles d'ail triquètre (ou de ciboule)**
- **1 grosse gousse d'ail**
- **2 c. à café de cumin**
- **Jus de citron**
- **Huile d'olive**
- **Sel, poivre**

Rincer et égoutter les pois chiches.
Émincer la gousse d'ail et la faire revenir dans une sauteuse avec l'huile d'olive, le cumin et le fenouil ciselé. Ajouter les pois chiches avec une rasade de jus de citron. Verser de l'eau à mi-hauteur, couvrir et laisser mijoter une dizaine de minutes.
Après refroidissement, rajouter les feuilles d'ail triquètre et de violette finement ciselées, saler, poivrer et mélanger. Dresser dans chaque assiette les pois chiches aux herbes (rajouter un peu d'huile si besoin) en ajoutant au dernier moment les graines germées, les fleurs de pensée et de violette. Servir et déguster !

Salade de tulipes, sédum, poires et bleu d'Auvergne

Photo p. 289
Préparation : 10 min

Par personne :
- **2 ou 3 rosettes de sédum spectabile**
- **Quelques fleurs d'ail sauvage (triquètre, rose ou de Naples) ou d'iphéion**
- **1 tulipe à pétales doubles (2 ou 3 si pétales simples)**
- **¼ de poire**
- **Un morceau de bleu d'Auvergne**
- **6 cerneaux de noix**
- **Huile d'olive, vinaigre de noix**
- **Sel**

Effeuiller les tulipes pour ne garder que leurs pétales. Les déposer dans chaque assiette. Peler et couper les poires en tranches fines avant de les rajouter aux pétales.
Avec un emporte-pièce de votre choix, découper une jolie forme dans le bleu d'Auvergne et la déposer délicatement dans l'assiette.
Ajouter à l'ensemble les cerneaux de noix, les feuilles de sédum spectabile et les fleurs d'ail sauvage ou d'iphéion. Mélanger l'huile et le vinaigre avant de verser sur chaque assiette. Assaisonner de sel et servir.

Samoussas de roquette, centranthe et bourrache

Photo p. 289
Préparation : 20 min ▪ Cuisson : 25 min

Pour 18 samoussas :

- **Environ 250 g de feuilles de roquette, de centranthe et de bourrache**
- **9 feuilles de brick**
- **3 c. à soupe de brousse**
- **2 gousses d'ail**
- **1 oignon**
- **1 œuf**
- **Sel, curry**
- **Huile d'olive, beurre**
- **Sauce soja**

Ébouillanter les feuilles dans de l'eau salée pendant 5 min, puis égoutter et réserver.
Dans une sauteuse, faire blondir dans un peu de beurre et d'huile d'olive l'oignon émincé, puis ajouter l'ail, le curry et les feuilles. Arroser le tout avec un ½ verre d'eau et un filet de sauce soja. Cuire jusqu'à réduction complète avant d'ajouter, hors du feu, la brousse et l'œuf. Bien mélanger et laisser refroidir un peu. Saler si besoin.
Couper les feuilles de brick en deux. Pour chacune des moitiés obtenues, rabattre le côté arrondi pour former une bande large. Placer dans l'angle gauche un peu de farce aux herbes et plier la feuille en triangles successifs jusqu'à la formation d'un triangle final. Rabattre le dernier pan à l'intérieur. Cuire les 18 samoussas obtenus en les faisant dorer dans un peu d'huile 2 min sur chaque face. Servir aussitôt.

Salade sauvage de fin d'hiver aux fleurs

Salade de pois chiches aux pensées et aux violettes

Salade de tulipes, sédum, poires et bleu d'Auvergne

Samoussas de roquette, centranthe et bourrache

Soupe froide de carottes aux feuilles d'houttuynia

Photo p. 294
Préparation : 10 min ▪ Repos : 2 heures minimum ▪ Cuisson : 30 min

Pour 6 personnes :

- **500 g de carottes**
- **Une dizaine de jeunes feuilles d'houttuynia + 1 feuille par assiette en déco**
- **Fleurs de tulbaghia pour la déco**
- **Fromage de chèvre frais**
- **1 oignon**
- **1 gousse d'ail**
- **2 cubes de bouillon de légumes dilués dans 1 l d'eau**
- **1 c. à café de cumin moulu**
- **1 c. à café de gingembre moulu**
- **Un peu de sauce soja ou de tamari**
- **Huile d'olive**
- **Graines de nigelle**
- **Gressins en accompagnement**

Éplucher, laver et couper grossièrement les carottes.
Dans une cocotte, faire revenir quelques minutes l'ail et l'oignon avec l'huile d'olive. Rajouter le gingembre, puis les carottes et le bouillon de légumes. Laisser cuire environ 30 min et laisser refroidir.
Ciseler les feuilles d'houttuynia et les rajouter aux légumes avec le cumin et une rasade de sauce soja. Mixer le tout, goûter et rectifier l'assaisonnement si besoin.
Mettre au frais pendant minimum 2 heures.
Au moment de servir, ajouter au chèvre frais quelques graines de nigelle et servir la soupe avec une cuillère à soupe de ce mélange, accompagnée de gressins. Ajouter une feuille d'houttuynia et quelques fleurs de tulbaghia pour la déco et leur petit goût aillé.

Soupe d'herbes sauvages

Photo p. 294
Préparation : 10 min ■ Cuisson : 15 min

Pour 4 personnes :

- **4 grosses poignées d'herbes sauvages (ail triquètre, bourrache, centranthe, laiteron, lamier, lavatère ou mauve, lunaire, pimprenelle, pissenlit, plantain, poireau sauvage…)**
- **50 à 80 g de lentilles corail (suivant votre goût)**
- **2 gousses d'ail**
- **Un peu de parmesan ou de levure diététique**
- **Une rasade de sauce soja**
- **Huile d'olive**

Dans une cocotte, faire revenir dans un peu d'huile d'olive l'ail finement ciselé, puis les lentilles corail. Remuer puis rajouter les différentes herbes préalablement lavées et coupées grossièrement.

Mouiller l'ensemble avec une bonne rasade de sauce soja, puis recouvrir d'eau. Laisser mijoter doucement 10 à 15 min (les lentilles ne doivent pas éclater).

Servir saupoudré de parmesan ou de levure diététique.

Pour ceux qui aiment les veloutés, rajouter 5 à 10 min de cuisson pour faire éclater les lentilles, puis les passer au mixeur plongeur.

Tarte à l'arroche maritime

Photo p. 295
Préparation : 30 min ▪ Cuisson : 30 min ▪ Repos (pâte brisée) : 30 min

Pour 6 personnes :

Pour la pâte brisée :
- **200 g de farine**
- **100 g de beurre**
- **½ verre d'eau**
- **Sel**

Pour la garniture :
- **1 grand saladier d'arroche maritime**
- **6 rondelles de bûche de chèvre**
- **3 œufs**
- **1 picodon**
- **3 gousses d'ail**
- **10 cl de crème liquide**
- **1 verre de lait**
- **1 c. à soupe de curry**
- **Sel**

Mettre la farine dans un saladier. Ajouter le sel, puis incorporer le beurre coupé en petits morceaux. Effriter du bout des doigts. Versez l'eau peu à peu en amalgamant le tout pour former une boule. Pétrir la pâte le moins possible et laisser reposer une 30 min minimum au réfrigérateur.
Ébouillanter quelques minutes les arroches en ayant pris soin de retirer les tiges les plus dures. Les passer à l'eau froide avant de bien les presser pour évacuer un maximum d'eau. Les hacher finement aux ciseaux, puis rajouter les œufs, le lait, la crème liquide, le picodon émietté, l'ail haché et le curry. Vérifiez l'assaisonnement avant de saler.
Étaler la pâte au rouleau et la déposer dans le plat à tarte. La piquer pour éviter qu'elle gonfle à la cuisson. Répartir la garniture de manière homogène et déposer les 6 rondelles de chèvre. Enfourner 30 min à 180 °C (thermostat 6). Servir chaud.

Velouté de fleurs de yucca

Photo p. 295
Préparation : 10 min ▪ Cuisson : 25 min

Pour 4 personnes :

- **Environ 200 g de fleurs de yucca (en réserver 1 par convive pour la déco)**
- **60 cl d'eau chaude**
- **20 cl de lait de coco**
- **1 poireau**
- **1 grosse pomme de terre**
- **1 grosse carotte**
- **2 gousses d'ail**
- **Huile d'olive**
- **Sauce soja bio**
- **Curry en poudre**

Enlever les fleurs de yucca de la hampe florale et ôter les pistils des fleurs épanouies (pour éviter une trop grande amertume).
Couper le poireau, la pomme de terre et la carotte en rondelles. Les faire revenir dans une grande casserole ou un faitout dans l'huile d'olive avec l'ail ciselé. Rajouter les fleurs et une bonne rasade de sauce soja. Verser l'eau et compter 20 min de cuisson.
Mixer ensuite en rajoutant le lait de coco et un peu de curry. Ébouillanter une trentaine de secondes les fleurs restantes. Verser la soupe obtenue dans des récipients creux individuels et dresser au centre une fleur. Servir aussitôt.

Soupe froide de carottes aux feuilles d'houttuynia

Soupe d'herbes sauvages

Tarte à l'arroche maritime

Velouté de fleurs de yucca

Plats

Bûche de butternut farcie aux blettes et au centranthe

Photo p. 302
Préparation : 30 min ▪ Cuisson : 1 h 10 min

Pour 6 personnes :

- **1 courge butternut**
- **1 petit saladier d'« herbes » (feuilles de centranthe et de blettes, auxquelles on peut rajouter ou substituer celles du plantain lancéolé, de l'arroche maritime et du poireau sauvage)**
- **400 g de champignons**
- **2 pâtes feuilletées**
- **3 échalotes**
- **2 gousses d'ail**
- **Une grosse poignée de noix**
- **Un peu de fromage râpé**
- **1 œuf**
- **Graines de pavot**
- **Huile d'olive**
- **Sauce soja**
- **1 c. à café de moutarde**
- **Sel, poivre**

Ôter les extrémités de la butternut et la couper en deux dans le sens de la longueur. Enlever la peau et les graines. Couper en tranches les deux parties creuses qui contenaient les graines et réserver les deux parties pleines.
Placer l'ensemble sur une plaque allant au four, huiler, saler, poivrer et faire rôtir 30 min au four à 200 °C (thermostat 6-7). 5 min avant la fin de la cuisson, rajouter les noix sur la plaque pour les torréfier.
Faire bouillir les différentes feuilles dans une grande casserole. Égoutter et réserver.

Faire revenir les échalotes avec les champignons et l'ail, puis rajouter une rasade de sauce soja. Mixer l'ensemble avec la moutarde, le blanc de l'œuf, les noix et les tranches de butternut.

Étaler une première pâte feuilletée et déposer au centre la moitié de la préparation sur une bande rectangulaire ayant la longueur des deux morceaux de butternut restants. La recouvrir par les herbes cuites, saupoudrer de fromage râpé, puis déposer les deux moitiés de butternut bout à bout par-dessus. Enrober l'ensemble du restant de la farce et recouvrir de la seconde pâte feuilletée. Enlever le surplus de pâte et bien jointer les bords afin d'éviter que la farce coule à la cuisson. Dorer au jaune d'œuf, saupoudrer de graines de pavot et passer au four 35 à 45 min. À déguster chaud ou froid !

Astuce : Les morceaux de pâte restants pourront être utilisés en décoration sur le dessus de la bûche (avant le passage au jaune d'œuf). Les cardes colorées (cuites) des blettes peuvent aussi être incorporées à la farce ou être gardées pour une autre recette.

Daube végétale à l'arroche maritime

Photo p. 302
Préparation : 30 min ▪ Cuisson : 1 h 20 min

Pour 6 personnes :

Pour les boulettes végétales :
- 400 g de feuilles d'arroche maritime
- 2 courgettes
- 2 œufs
- 2 oignons
- 150 g de farine de pois chiches
- 150 g de farine d'épeautre
- 125 g de ricotta
- 1 verre de semoule de couscous
- 3 c. à soupe de graines de tournesol moulues
- 2 c. à soupe de sauce soja
- 2 gousses d'ail
- Sel, poivre

Pour la sauce :
- 1 bouteille de vin rouge
- 50 g de chanterelles d'automne
- 2 oignons
- 3 carottes
- 25 cl crème fraîche légère
- 2 c. à café de chocolat en poudre
- 2 gousses d'ail
- Sel, poivre
- 3 c. à soupe d'huile d'olive
- 3 c. à soupe de persil haché
- Cumin, thym, romarin, sarriette

Préparer des boulettes végétales.
Ébouillanter pendant 10 min les feuilles d'arroche, puis les égoutter. Recouvrir la semoule d'eau bouillante et la laisser gonfler. Faire dorer les oignons finement émincés. Râper les courgettes. Verser ces ingrédients avec

tous les autres dans un saladier afin d'obtenir une pâte compacte mais souple. Confectionner des boulettes de 6 cm de diamètre, les rouler dans un peu de farine, puis les faire chauffer à feu moyen dans une poêle préalablement bien huilée. Les faire dorer environ 10 min en les retournant une fois de chaque côté. Réserver sur du papier absorbant.

Préparer la sauce en versant dans un faitout en fonte 3 cuillerées à soupe d'huile d'olive et y faire revenir les 2 oignons émincés et les carottes coupées en rondelles fines. Faire dorer avec les 2 gousses d'ail émincées, le persil, le sel, le poivre et les autres aromates. Verser le vin et laisser à feu doux pendant une 30 min, le temps que la sauce réduise. Rajouter les champignons, le chocolat en poudre et la crème. Bien mélanger et poursuivre la cuisson 10 min. Rajouter les boulettes végétales pour qu'elles s'imprègnent de la sauce en les faisant chauffer encore 10 min. Servir par exemple avec des gnocchis (cf. recette en page suivante).

Gnocchis aux orties ou aux lamiers séchés

Photo p. 303
Préparation : 50 min ▪ Cuisson : 25 min

Pour 6 personnes :

- **1 bol de feuilles d'ortie ou de lamier séchées**
- **1 kg de pommes de terre**
- **250 g de farine**
- **1 jaune d'œuf**
- **Sel**
- **Muscade**
- **Huile d'olive**
- **Parmesan râpé**

Faire bouillir dans une casserole d'eau froide les pommes de terre avec leur peau pendant une vingtaine de minutes.

Une fois les pommes de terre cuites, retirer la peau et les écraser au presse-purée ou à la fourchette. Verser dans un grand saladier et rajouter les feuilles émiettées. Commencer à mélanger à la main en versant petit à petit la farine et en incorporant le jaune d'œuf avec le sel et la muscade. La pâte obtenue ne doit plus coller aux doigts (rajouter de la farine si besoin est).

Diviser ensuite cette pâte plusieurs portions. Pour chaque part, former un boudin de 1,5 à 2 cm de diamètre et le couper en tronçons de 2 cm. Les déposer au fur et à mesure sur du papier sulfurisé, fariné au préalable. Appuyer avec une fourchette sur chaque gnocchi pour dessiner un motif.

Faire frémir dans une grande casserole de l'eau salée et y plonger les gnocchis. Quand ils remontent à la surface, les récupérer avec une écumoire et les égoutter.

Servir dans chaque assiette, saupoudrer de parmesan râpé, arroser d'un filet d'huile d'olive et servir aussitôt.

Astuce : On peut utiliser également des feuilles fraîches si on ne dispose pas de feuilles séchées.

Pommes de terre au sel farcies à la criste-marine

Photo p. 303
Préparation : 20 min ▪ Cuisson : 1 h 10 min

Pour 4 personnes :

- **4 pommes de terre bio**
- **Gros sel gris de Guérande**
- **2 c. à soupe de crème fraîche épaisse**
- **1 c. à soupe de fromage blanc**
- **8 rameaux de criste-marine**
- **4 feuilles de laurier**
- **Sel, poivre, curcuma**

Laver les pommes de terre sans les éplucher ni les essuyer. Les rouler dans le gros sel, puis les déposer sur un lit de gros sel dans un plat allant au four, accompagnées des feuilles de laurier. Les cuire pendant 1 heure à 200 °C (thermostat 6-7).

En attendant, laver la criste-marine, la sécher puis ciseler les feuilles dans un grand bol. Ajouter la crème, le fromage blanc, le curcuma, saler et poivrer.

Une fois les pommes de terre cuites, évider le centre de chaque pomme de terre à l'aide d'une petite cuillère afin de les farcir avec la préparation. Les remettre au four sur leur lit de sel une dizaine de minutes avant de servir.

Astuce : Il est préférable d'utiliser des pommes de terre bio pour avoir le plaisir de déguster leur peau croustillante cuite dans le sel ! Le gros sel pourra d'ailleurs être réutilisé pour une autre préparation.

Bûche de butternut farcie aux blettes et au centranthe

Daube végétale à l'arroche maritime

Gnocchis aux orties séchées

Pommes de terre au sel farcies à la criste-marine

Sauté de légumes à la citronnelle

Photo p. 308
Préparation : 20 min ▪ Cuisson : 30 min

Pour 4 personnes :
- **8 courgettes miniatures (ou 2 petites courgettes)**
- **3 carottes**
- **1 grosse tête de brocoli**
- **3 tiges de citronnelle**
- **2 oignons rouges**
- **1 patate douce**
- **1 poivron jaune**
- **Quelques brins de persil**
- **2 c. à soupe de graines de sésame**
- **1 verre de vin blanc sec**
- **Une rasade de sauce soja**
- **Huile d'olive**
- **Sel, poivre**

Après avoir épluché ou pelé les différents légumes, faire revenir les oignons et le poivron émincés dans un peu d'huile d'olive pendant quelques minutes. Rajouter les carottes coupées en lanières, les courgettes entières ou coupées suivant leur taille, la patate douce coupée en dés et le brocoli détaillé en petits bouquets. Mélanger, poivrer, saler légèrement. Enlever la première feuille de citronnelle, la couper en petites rondelles, la rajouter aux légumes et laisser cuire une quinzaine de minutes.

Rajouter le persil ciselé, verser le vin blanc et chauffer à feu vif pour le faire évaporer. Parsemer de graines de sésame, ajouter la sauce soja et servir aussitôt.

Desserts

Cake au citron et au bégonia

Photo p. 308
Préparation : 30 min ▪ Cuisson : 50 min

Pour 6 personnes :

- 200 g de farine
- 70 g de beurre
- 50 cl de sirop d'agave
- 3 œufs
- 2 poignées de sucre en grains
- 1 poignée de fleurs de bégonia (de préférence non écloses pour leur côté croquant) + 5 fleurs épanouies pour la déco
- 10 cl de crème liquide
- Jus et zeste de 1 citron bio
- 3 c. à café de graines de pavot ou de coquelicot
- 3 c. à soupe de rhum
- 1 c. à café de levure chimique
- 1 pincée de fleur de sel

Pour le glaçage :

- 50 g de sucre glace
- 1 c. à soupe de jus de citron

Préchauffer le four à 160 °C (thermostat 5-6). Faire fondre le beurre et réserver.
Fouetter le sirop d'agave avec les œufs, puis ajouter le jus et le zeste du citron, la crème et la fleur de sel. Incorporer ensuite le sucre en grains, la farine et la levure, le rhum puis le beurre fondu. Rajouter enfin les graines et les fleurs, mélanger et verser dans un plat à cake tapissé de papier cuisson. Enfourner pour 40 à 50 min.
Après cuisson et refroidissement du gâteau, le napper avec un mélange de sucre glace et de jus de citron. Décorer avec les fleurs épanouies de bégonia. Servir une fois que le glaçage aura figé.

Confiture de cynorrhodons

Photo p. 309
Préparation : 1 h 30 ▪ Cuisson : 1 h

- **1,5 kg de cynorrhodons bien mûrs**
- **Environ 500 g de sucre**
- **Jus de 1 citron**
- **Eau**
- **2 bas en Nylon**

Rincer les cynorrhodons et les verser dans une bassine à confiture. Recouvrir d'eau et cuire 30 min. Laisser refroidir. Écraser ensuite au presse-purée manuel pour faire sortir la pulpe.
Recueillir cette préparation dans chacun des deux bas. Les fermer avec un nœud, puis presser à la main au-dessus d'un grand saladier pour récolter la pulpe filtrée. Peser pour évaluer la quantité de sucre à rajouter. (Lors de l'élaboration de cette recette, j'ai recueilli 780 g de pulpe pour 500 g de sucre, mais certains préconisent un poids équivalent pour les deux éléments). Reverser dans la bassine à confiture avec le sucre et le jus de citron. Faire cuire à feu doux jusqu'à la prise.
Verser la préparation bouillante dans des pots préalablement stérilisés. Fermer aussitôt et retourner les pots.
Astuce : Ne surtout pas jeter les bas et leurs baies écrasées ! Contenant encore beaucoup de pulpe (et de saveurs) ils serviront à confectionner un délicieux vin de cynorrhodons (cf. recette p. 327).

Crème aux œufs à la verveine

Photo p. 309
Préparation : 10 min ▪ Repos : 10 min ▪ Cuisson : 30 min

Pour 6 ramequins :

- **60 g de sucre**
- **50 cl de lait entier**
- **4 œufs**
- **1 petit bouquet de verveine fraîche**
- **Quelques fleurs de verveine (facultatif)**
- **1 sachet de sucre vanillé (ou, à défaut, du sucre complet bio)**

Mettre le lait dans une casserole et y plonger la verveine. Faire chauffer et arrêter juste avant l'ébullition. Couvrir et laisser infuser 10 min. Préchauffer le four à 200 °C (thermostat 6-7).

Dans un cul-de-poule profond, mélanger au fouet les œufs avec 60 g de sucre pour les blanchir. En le filtrant avec une passoire, verser le lait chaud infusé sur le mélange en délayant bien.

Verser dans les ramequins et faire cuire au bain-marie 10 min à 200 °C. Retirer ensuite les plats pour les saupoudrer de sucre vanillé et remettre au four à 180 °C (thermostat 6) pour environ 15 min, le temps que la surface dore.

Après refroidissement complet, rajouter quelques fleurs de verveine si c'est la saison, puis placer au réfrigérateur. Servir frais.

Astuce : Une variante de cette recette peut se réaliser avec des racines pelées de polypode infusées à la place de la verveine ; la crème aura ainsi un petit goût de réglisse !

Sauté de légumes à la citronnelle

Cake au citron et au bégonia

Confiture de cynorrhodons

Crème aux œufs à la verveine

Crumble aux fleurs d'acacia et de sureau noir

Photo p. 314
Préparation : 15 min ▪ Cuisson : 20 min

Pour 4 personnes :
- **150 g de farine d'épeautre**
- **80 g de sucre non raffiné**
- **80 g de beurre**
- **8 à 10 grappes de fleurs d'acacia**
- **8 à 10 ombelles de fleurs de sureau noir**
- **3 poires**
- **1 pomme**
- **2 pincées de fleur de sel**

Ôter les tiges d'acacia et de sureau pour ne garder que les fleurs, puis vérifier qu'aucun petit habitant ne soit resté caché.
Éplucher les fruits s'ils ne sont pas bio, les couper en morceaux et les faire compoter dans une casserole avec un peu de beurre et 25 g de sucre durant 10 à 15 min. Préchauffer le four à 200 °C (thermostat 6-7).
Beurrer votre plat avant de verser la compotée de fruits, puis saupoudrer l'ensemble des fleurs (garder quelques ombelles de sureau en réserve). Dans un saladier, mélanger la farine, le sel, le restant de sucre et de beurre. Émietter avec les doigts et répandre ce mélange sablé sur la compotée aux fleurs.
Enfourner pour 20 min environ, le temps que la pâte se dore. Rajouter les fleurs de sureau restantes (détachées de l'ombelle) et servir chaud ou tiède.

Gâteau de patate douce aux fleurs

Photo p. 314
Préparation : 35 min ▪ Cuisson : 40 à 50 min ▪ Repos : 2 heures

Pour 6 à 8 personnes :

- **250 g de patate douce râpée**
- **200 g de fleurs de glycine et d'arbre de Judée**
- **100 g de sucre complet**
- **10 cl de crème de soja**
- **130 g de farine**
- **80 g d'huile de coco**
- **80 g de sucre glace**
- **2 œufs**
- **1 orange**
- **4 dattes**
- **Quelques dés de gingembre confit**
- **½ c. à café de bicarbonate**
- **1 ou 2 pincées de sel**
- **Une rasade de jus de citron**

Préchauffer le four à 200 °C (thermostat 6-7).
Battre les œufs avec le sucre. Ajouter l'huile de coco, puis la farine et le bicarbonate. Rajouter la crème de soja en mélangeant bien. Finir avec la patate douce râpée, les fleurs, les dattes, l'orange et le gingembre coupés en petits morceaux, puis le sel.
Verser dans un moule à cake tapissé de papier cuisson (ou dans un moule en silicone) et enfourner à 180 °C (thermostat 6) pendant 40 à 50 min.
Préparer le glaçage en mélangeant le sucre glace et le jus de citron. Lorsque le cake aura refroidi, le recouvrir de glaçage au pinceau. Laisser reposer 2 heures avant de servir.

Glace à l'estragon du Mexique

Photo p. 315
Préparation : 35 min ▪ Repos : 1 nuit

Pour environ 6 personnes :
- **80 g de sucre**
- **30 cl de lait entier**
- **20 cl de crème fraîche entière**
- **2 branches bien feuillues d'estragon du Mexique**
- **3 jaunes d'œufs**
- **1 poignée de cerneaux de noix concassés**
- **1 poignée de raisins secs**
- **Une rasade de Grand Marnier**
- **4 carrés de chocolat noir à 80 % minimum**

La veille, porter le lait à ébullition, puis retirer du feu et y laisser infuser l'estragon du Mexique pendant 1 heure minimum. Enlever les feuilles en les essorant bien. Remettre le lait à chauffer.

Faire gonfler les raisins secs dans un peu d'eau et de Grand Marnier. Fouetter les jaunes d'œufs avec le sucre pour les blanchir. Verser le lait aromatisé bouillant et ajouter la crème. Remuer, puis remettre dans la casserole pour faire épaissir le mélange tout en remuant. Arrêter lorsque la crème nappe la cuillère. Rajouter les raisins et les noix, mélanger et placer au réfrigérateur une fois que la préparation a refroidi.

Le lendemain, sortir la préparation et rajouter des copeaux de chocolat noir. Verser l'ensemble dans votre turbine à glace. Une fois la glace prise, répartir dans des coupes individuelles en rajoutant quelques brisures de noix et de chocolat et servir aussitôt.

On peut bien sûr la préparer à l'avance et la garder au congélateur avant de l'utiliser.

Mousse à l'estragon du Mexique

Photo p. 315
Préparation : 30 min ▪ Repos : 3 heures minimum

Pour 4 grosses verrines :

- **125 g de palets bretons ou de sablés**
- **40 g de sucre**
- **25 cl de lait entier**
- **30 cl de crème liquide**
- **3 œufs**
- **2 branches bien feuillues d'estragon du Mexique**
- **2 feuilles de gélatine**
- **Une petite rasade de Grand Marnier**
- **Brisures de chocolat noir à 70 %**
- **4 fleurs comestibles (pensées, par exemple)**

Faire bouillir le lait et y jeter l'estragon. Sortir du feu et laisser infuser à couvert 15 min. Clarifier les œufs et battre les jaunes avec le sucre pour les blanchir. Verser le lait aromatisé, puis remettre à chauffer doucement sans laisser bouillir en remuant sans arrêt. Rajouter la gélatine ramollie au préalable dans de l'eau froide, remuer et éteindre le feu.

Battre les blancs d'œufs en neige et les rajouter délicatement à la préparation. Fouetter la crème en chantilly et l'incorporer également.

Écraser les biscuits au pilon avant d'en répartir la moitié au fond de chaque verrine. Verser dessus une petite rasade de Grand Marnier. Recouvrir de la mousse à l'estragon jusqu'à mi-hauteur, puis de la seconde moitié de biscuits. Finir de recouvrir avec la mousse, saupoudrer du chocolat concassé et placer au frais 3 heures minimum. Ajouter des fleurs comestibles en déco avant de servir.

Crumble aux fleurs d'acacia et de sureau noir

Gâteau de patate douce aux fleurs

Glace à l'estragon du Mexique

Mousse à l'estragon du Mexique

Mousse d'orange à la jacinthe

Photo p. 320
Préparation : 15 min ▪ Cuisson : 10 min ▪ Repos : 2 heures minimum

Pour 6 personnes :
- **75 g de sucre**
- **24 orangettes maison (ou du commerce)**
- **18 fleurs de jacinthe**
- **3 oranges douces**
- **3 c. à soupe de farine de coco (ou de Maïzena)**
- **3 œufs**
- **Quelques dés de gingembre confit coupés en petits morceaux**
- **Sel**

Peler puis mixer finement les oranges. Dans une casserole, les mélanger avec le sucre, la farine de coco, les jaunes d'œufs, le gingembre et 6 orangettes coupées en petits morceaux.
Faire chauffer l'ensemble à feu doux en remuant bien. Retirer du feu après quelques secondes d'ébullition. Laisser refroidir.
Battre les œufs en neige ferme avec un peu de sel, puis les incorporer délicatement à la préparation. Verser dans des coupelles ou des verrines et placer au réfrigérateur 2 heures minimum.
Au moment de servir, déposer en étoile 3 orangettes et 3 fleurs de jacinthe par personne.

Nems de fruits aux sauges et aux feuilles aromatiques

Photo p. 320
Préparation : 15 min ▪ Cuisson : 8 min

Pour 6 nems :

- **6 feuilles de brick**
- **1 pomme bio**
- **2 grosses prunes**
- **6 figues**
- **40 g de noisettes concassées**
- **20 g de pignons de pin**
- **Fleurs de sauge ananas et de sauge de Graham (en fonction de votre cueillette)**
- **12 fleurs de bégonia**
- **Une grosse poignée d'un mélange composé de jeunes feuilles de sauge ananas, de verveine, d'agastache et d'estragon du Mexique**
- **3 c. à soupe de miel**
- **Huile**
- **20 g de beurre**

Ciseler finement toutes les feuilles et réserver.

Torréfier à la poêle les noisettes et les pignons, réserver. Détailler la pomme et les prunes en dés, puis les poêler avec le beurre et le miel jusqu'à ce qu'elles soient légèrement fondantes. Rajouter les figues coupées en quatre et réserver.

Sur chaque feuille de brick, déposer au centre et en longueur 2 fleurs de bégonia, des fleurs de sauge, de la compotée de fruits, des feuilles ciselées et des graines torréfiées. Rabattre les côtés de la feuille de brick sur le centre, puis rouler vers le haut pour former le nem.

Faire chauffer de l'huile dans une poêle et y mettre à dorer les nems 5 min en les retournant régulièrement. Servir aussitôt.

Pancakes au polypode

Photo p. 321
Préparation : 10 min ▪ Cuisson : 10 min

Pour une quinzaine de pancakes :

- **150 g de farine**
- **20 cl de crème de soja**
- **4 ou 5 rhizomes de polypode**
- **1 œuf**
- **Un peu de lait**
- **2 c. à soupe de sucre**
- **1 c. à soupe d'huile ou de beurre fondu**
- **1 c. à café de levure chimique**
- **1 pincée de sel**

Laver et gratter les rhizomes en enlevant la pellicule brune. Les mixer, puis les mélanger dans une casserole avec la crème de soja et 1 cuillère à soupe de sucre. Chauffer doucement jusqu'à ce que le sucre soit dilué. Réserver.
Battre grossièrement l'œuf et le restant de sucre dans un saladier. Ajouter l'huile ou le beurre fondu. Mélanger à part la farine et la levure, puis en verser la moitié dans la préparation. Délayer peu à peu avec la crème aux rhizomes tout en rajoutant l'autre moitié du mélange farine-levure petit à petit, en évitant les grumeaux. Compléter si besoin avec un peu de lait afin d'obtenir la consistance désirée et saler un peu.
Faire chauffer une poêle antiadhésive puis, à l'aide d'une petite louche, déposer des « ronds » dans la poêle. Retourner les pancakes quand ils commencent à ne plus attacher (ne pas les laisser plus de 1 min).
Servir aussitôt avec de la confiture, du sucre ou en accompagnement d'une crème aux œufs à la verveine ou au polypode (cf. recette p. 307).

Sablés aux 4 graines et aux 4 épices

Photo p. 321
Préparation : 15 min ▪ Repos : 30 min ▪ Cuisson : 20 min

Pour environ 20 biscuits :

- **300 g farine semi-complète bio**
- **200 g de beurre**
- **200 g de poudre d'amandes**
- **150 g de cassonade**
- **2 œufs**
- **5 g de clous de girofle moulus**
- **2 c. à soupe de graines de sésame**
- **1 c. à soupe de graines de coquelicot (ou de pavot)**
- **1 c. à café de graines de fenouil sauvage ou cultivé**
- **1 c. à café de graines de criste-marine**
- **1 c. à soupe de cannelle**
- **½ c. à café de muscade**
- **½ c. à café de poudre de vanille**
- **1 bonne pincée de sel ou de fleur de sel**

Verser la farine et la poudre d'amande dans un saladier avec les œufs, la cassonade et le sel. Rajouter le beurre coupé en petits morceaux avec les 4 épices et les 4 graines. Pétrir légèrement jusqu'à obtenir une boule de pâte. L'entourer ensuite d'un film alimentaire pour la laisser reposer 30 min au réfrigérateur.

Préchauffer le four à 180 °C (thermostat 6). Prendre une grande feuille de papier sulfurisé et y étaler la pâte au rouleau jusqu'à obtenir un grand losange d'une épaisseur de 2 cm. Déposer l'ensemble sur une plaque de cuisson et passer au four pendant une vingtaine de minutes.

Laisser refroidir avant de découper la pâte en petits losanges. Ranger dans une boîte hermétique ou servir aussitôt.

Astuce : Une variante peut se réaliser avec d'autres graines, comme celles de la nigelle (à la saveur poivrée) ou du cléome (au goût de réglisse).

Mousse d'orange à la jacinthe

Nems de fruits aux sauges et aux feuilles aromatiques

Pancakes au polypode

Sablés aux 4 graines et aux 4 épices

Tarte sucrée aux blettes

Photo p. 328
Préparation : 30 min ▪ Repos : 2 heures ▪ Cuisson : 40 min

Pour la pâte :
- **250 g de farine**
- **50 g de cassonade**
- **1 œuf**
- **½ sachet de levure chimique**
- **½ verre d'eau**
- **½ verre d'huile d'olive**
- **Le zeste de 1 citron**
- **Sel**

Pour la garniture :
- **75 g de cassonade**
- **30 g de parmesan râpé**
- **1 grosse botte de vert de blettes (les cardes, notamment les colorées, pourront faire l'objet d'une autre recette)**
- **1 ou 2 pommes coupées en tranches**
- **1 c. à soupe d'huile d'olive**
- **1 œuf**
- **50 g de raisins secs**
- **Une poignée de noix concassées**
- **5 pruneaux**
- **Pastis**
- **Cannelle**
- **Sel fin**
- **Sucre glace**

Préparer la pâte.
Dans un saladier, mélanger la farine, l'huile, le sel, la cassonade, le zeste de citron et la levure. Battre l'œuf en omelette avant de le rajouter au reste. Verser ensuite l'eau afin d'obtenir une pâte ni trop sèche, ni trop humide. Laisser reposer 2 heures.
Préparer la garniture.

Enlever le vert des blettes et les rincer à l'eau froide 2 ou 3 fois, puis les essorer. Les couper ensuite aux ciseaux dans un grand saladier et les saupoudrer abondamment de sel fin. Mélanger et laisser dégorger 2 heures.
Mettre à tremper dans du pastis les raisins secs avec les pruneaux coupés en morceaux.
Au bout de 2 heures, bien rincer les blettes et les essorer. Les verser dans un saladier et ajouter les raisins, les pruneaux et le pastis, puis les noix concassées, l'œuf battu, la cassonade, le parmesan et l'huile. Mélanger.
Mettre du papier cuisson dans un moule à tarte, puis y étaler à la main la moitié de la pâte. Bien remonter sur les bords pour pouvoir plus tard la replier. Répartir ensuite de manière égale la garniture, puis y déposer en cercle les tranches de pomme. Saupoudrer de cannelle.
Étaler ensuite au rouleau la seconde moitié de pâte en la pliant plusieurs fois de suite avant de la placer sur la garniture. Veiller à ce qu'elle ne dépasse pas les dimensions du moule à tarte. Replier sur elle les bords de la première pâte et la piquer afin d'éviter qu'elle gonfle à la cuisson. Enfourner à four chaud (180 °C – thermostat 6) pendant environ 40 min. Après cuisson, laisser refroidir la tarte avant de la saupoudrer de sucre glace et déguster !

Tiramisu/mojito de sauge ananas

Photo p. 328
Préparation : 10 min ▪ Cuisson : 8 min ▪ Repos : 2 heures

Pour 4 grosses verrines :
- **100 g de mascarpone**
- **60 g de sucre roux**
- **1 bouquet de sauge ananas**
- **Quelques feuilles de menthe**
- **2 citrons verts**
- **1 sachet de biscuits à la cuillère**
- **20 cl de rhum**
- **2 œufs**
- **Quelques fleurs et petites feuilles de sauge ananas pour la déco**

Extraire le jus des citrons verts et le porter à ébullition avec le rhum et la moitié du sucre. Ajouter les feuilles de sauge et de menthe et laisser infuser 2 heures. Retirer ensuite les feuilles.
Clarifier les œufs. Mélanger les jaunes avec le mascarpone, le restant de sucre et la moitié de l'infusion. Monter les blancs en neige, puis les incorporer délicatement à la préparation.
Imbiber les biscuits du restant de l'infusion et en tapisser le fond des verrines. Rajouter une couche de préparation aux œufs, puis des biscuits trempés et finir par une autre couche de la préparation. Saupoudrer de sucre roux, décorer de fleurs et de petites feuilles de sauge et placer au réfrigérateur. Servir bien frais.

Boissons

Myrte

Photo p. 329
Préparation : 10 min ▪ Repos : 2 à 3 mois

- **40 g de baies de myrte**
- **Une petite poignée de feuilles de myrte (environ 5 g)**
- **1 l d'eau-de-vie**
- **100 g de sucre**
- **15 cl d'eau**

Faire macérer les baies et les feuilles avec l'alcool dans un bocal fermé et à l'abri de la lumière pendant 2 à 3 mois. Filtrer.
Dans une casserole, faire chauffer doucement l'eau et le sucre, le temps que ce dernier fonde. Laisser refroidir avant d'ajouter à la préparation alcoolisée. Bien mélanger et mettre en bouteille.
La myrte est une liqueur traditionnelle corse qui se déguste bien fraîche, en fin de repas.

Sirop de fleurs de sureau noir

Photo p. 329
Préparation : 10 min ▪ Cuisson : 15 min ▪ Repos : 24 à 48 heures

- **1 l d'eau**
- **Sucre**
- **Une dizaine d'ombelles de fleurs de sureau noir**

Placer les fleurs de sureau dans un saladier supportant la chaleur. Porter l'eau à ébullition et la verser sur le sureau.
Laisser infuser 24 à 48 heures suivant la puissance du goût désirée. Placer au frais et à couvert après refroidissement.
Filtrer et peser l'infusion. Ajouter le même poids en sucre et porter l'ensemble à ébullition. Laisser évaporer jusqu'à obtention de la consistance souhaitée, puis mettre en bouteille.
Astuce : Ce sirop peut aussi se réaliser avec des fleurs d'acacia (robinier faux-acacia), de coquelicot ou de lilas.

Vin de cynorrhodons

Préparation : 10 min ▪ Repos : 2 mois

- **1 bas rempli de 700 g (environ) de cynorrhodons cuits et écrasés**
- **2 l de rosé bio**
- **25 cl d'alcool pour fruits**
- **400 g de sucre**
- **2 bâtons de cannelle**

Déposer dans un grand contenant le bas rempli de cynorrhodons cuits et écrasés (reliquat de la recette de confiture p. 306). Verser le sucre et ajouter la cannelle. Recouvrir l'ensemble par le rosé et l'alcool pour fruits. Remuer, refermer et laisser macérer pendant 2 mois. Filtrer et mettre en bouteille. Admirer la jolie couleur rubis brûlé qu'aura pris ce délicieux vin d'apéritif avant de le déguster.

Astuce : On peut évidemment ne pas passer par la case « confiture » pour réaliser ce vin, mais avouez que ce serait dommage de se passer de cette exquise gourmandise ! D'autant que cela permet de « rentabiliser » une cueillette assez longue en réalisant deux recettes avec les mêmes ingrédients.

Tarte sucrée aux blettes

Tiramisu/mojito de sauge ananas

Myrte

Sirop de fleurs de sureau noir

Index des plantes par noms latins

Les numéros en gras renvoient aux pages des plantes développées dans l'ouvrage.
Retrouvez les plantes citées dans les recettes dans l'index des noms français (p. 337).

A

Index des plantes par noms français

Les numéros en gras renvoient aux pages des plantes développées dans l'ouvrage, les numéros en italique aux recettes utilisant cette plante.

Index des recettes

Bibliographie

ALUNNI Bernard, LEMAYEUR Marie-Christine, *Sauvages et belles du jardin, des plantes à cuisiner !*, Mémoires millénaires, 2019.

ALUNNI Bernard, LEMAYEUR Marie-Christine, *Sauvages et gourmandes, de la cueillette à notre assiette*, Mémoires millénaires, 2017.

BRICKELL Christopher, MIOULANE Patrick, *Encyclopédie universelle des 15 000 plantes et fleurs de jardin*, Bordas, 1999.

BUREAU Bernard, COLLIGNON Philippe, *Le Potager perpétuel*, Ulmer, 2016.

CARLES Lionel, THÉBAULT Ludovic, *Guide de la flore des Alpes-Maritimes*, Gilletta, 2012.

COUPLAN François, *La Cuisine des fleurs*, Sang de la Terre, 2019.

COUPLAN François, STYNER Eva, *Les Plantes sauvages, comestibles et toxiques*, Delachaux et Niestlé, 2018.

HODY Christophe (de), *Les Bienfaits des arbres*, E/P/A, 2018.

MOUTSIE, DUCERF Gérard, *Récolter les jeunes pousses des plantes sauvages comestibles*, Terran, 2015.

NARDO Pierrette, *Cuisinons les fleurs*, Terre vivante, 2011.

PAUME Marie-Claude, *Sauvages et comestibles*, Édisud, 2005.

SICARD Mireille, *Cueillir et cuisiner fleurs, fruits et graines sauvages*, Édisud, 2015.

THOREZ Jean-Paul, LAPOUGE-DÉJEAN Brigitte, *Le Guide du jardin bio*, Terre vivante, 2009.

Bonnes adresses

Pour introduire chez soi certaines espèces de plantes (sauvages ou cultivées) difficiles à trouver chez les pépiniéristes « classiques », voici quelques pistes :

Arom'antique
www.plantearomatique.com
Spécialiste des plantes aromatiques bio et légumes anciens.

Association Kokopelli
https://kokopelli-semences.fr/
Semences bio, grande variété.

La Ferme de sainte Marthe
www.fermedesaintemarthe.com
Graines et plants bio.

Le Potager de santé (Pascal Poot)
www.lepotagerdesante.com
Semences bio, résistantes à la sécheresse.

Promesse de fleurs
www.promessedefleurs.com
Vivaces, bulbes, arbustes.

Et bien sûr tous les trocs ou bourses aux plantes entre passionnés, qui ont lieu dans toute la France. Renseignez-vous !

Présentation des auteurs

Marie-Christine Lemayeur et Bernard Alunni sont artistes illustrateurs. Unis dans leur vie personnelle comme professionnelle, ils travaillent ensemble depuis la fin de leurs études à l'École nationale des arts décoratifs de Nice. Dessinateurs reconnus dans le domaine de l'illustration documentaire, ils ont à leur actif près d'une centaine d'ouvrages, qu'il s'agisse de livres pour la jeunesse (animaux, nature et histoire) ou plus scientifiques (histoire et préhistoire). Ils collaborent également avec la poste de Monaco pour la réalisation de timbres-poste, ainsi qu'avec différents musées archéologiques où l'on peut retrouver leurs œuvres. Parallèlement, en tant que passionnés de nature et de marche, ils ont écrit et illustré des guides sur le patrimoine historique et naturel de leur région (Côte d'Azur et Alpes-Maritimes), puis sur les plantes sauvages comestibles qu'ils rencontrent lors de leurs balades. Car Marie-Christine est depuis toujours une « folle » de plantes, et cette « maladie » se transmet de génération en génération dans sa famille : ses grands-mères, sa mère et sa sœur ont l'amour des fleurs chevillé au corps. L'observation, l'admiration et la culture des végétaux a donc démarré depuis l'enfance, comme la cueillette

des champignons, du pissenlit ou des asperges sauvages. De simple plaisir, cette passion s'est renforcée au fil des années en se propageant à toutes les plantes et plus particulièrement à la flore comestible. Ayant commencé par cultiver le petit terrain autour de leur maison en jardin d'agrément, Marie-Christine le convertit depuis quelques années en jardin ornemental comestible, remplaçant petit à petit les plantes purement décoratives tout en laissant largement entrer les bonnes « sauvageonnes ».
Dans la famille de Bernard, la cueillette des herbes sauvages était aussi une tradition, mais à l'époque, cela ne l'intéressait guère. La redécouverte se fit avec l'intérêt grandissant de Marie-Christine, qui l'initie depuis à la botanique. Gourmands et adorant cuisiner tous les deux, ils se délectent à transformer leurs cueillettes en des plats savoureux, recettes que l'on retrouve dans leurs ouvrages. Cette nouvelle activité leur fait donner régulièrement des conférences sur les plantes sauvages ou cultivées comestibles.

Marie-Christine tient également un blog Facebook sur le thème des plantes sauvages et des fleurs à déguster, suivi par de nombreuses personnes : « **Sauvages et belles à croquer** ». Vous y retrouverez des recettes, mais aussi des photos et descriptions de plantes ou de balades botaniques.

Pour les personnes intéressées par leur travail artistique, vous pourrez visiter leur site Internet (**http://alunnilemayeur-arts.fr**) ou leur blog d'actualités régulièrement mis à jour (**http://alunnilemayeur-arts.fr/WordPress3/**).

Les livres des auteurs
sur les thèmes nature et plantes

Aux éditions Mémoires millénaires, en qualité d'auteurs-illustrateurs :
Sauvages et gourmandes, de la cueillette à notre assiette : Mois par mois, apprendre à reconnaître et cuisiner les plantes sauvages et « mauvaises » herbes qui nous entourent. Plus de 50 plantes sauvages à découvrir avec des idées de recettes gourmandes. Photos et aquarelles des auteurs.
Sauvages et belles du jardin, des plantes à cuisiner ! : Mois par mois, apprendre à reconnaître et cuisiner plantes sauvages et fleurs du jardin. Plus de 50 plantes sauvages ou cultivées à découvrir avec des idées de recettes gourmandes. Photos réalisées par les auteurs.
Sur les sentiers de l'histoire des Alpes-Maritimes, guide artistique et balades historiques : Découvrir les vestiges historiques des Alpes-Maritimes par le biais de superbes randonnées nature, illustrées par les aquarelles hyperréalistes des auteurs.
Sur les sentiers du littoral de la Côte d'Azur, guide artistique, balades historiques et botaniques : Découvrir les beaux sentiers de la Côte d'Azur, leur histoire et la végétation environnante, illustrés par les aquarelles hyperréalistes des auteurs.

Aux éditions Fleurus, pour la jeunesse, en qualité d'illustrateurs :
La Forêt, collection « Imagerie » :
Faire découvrir aux enfants la vie animale et végétale de la forêt, identifier arbres, fleurs et animaux.
La Nature, collection « Imagerie » :
Apprendre aux enfants à identifier les plantes, les arbres et les fleurs. Répondre à leurs questionnements sur les animaux et le fonctionnement de la nature.
Les Arbres, collection « Grande Imagerie » :
Connaître et reconnaître les arbres du monde entier.
Les Plantes, collection « Grande Imagerie » :
Connaître la vie fabuleuse des plantes, adaptées aux conditions les plus extrêmes sur toute la planète.
La Nature, collection « Pourquoi Comment » (épuisé).
Atlas nature, collection « Atlas » (épuisé).
La Forêt, collection « Imagia » (épuisé).
La Nature, collection « Imagia » (épuisé).

Notes

Déjà parus aux éditions de Terran

- *Cuisine sauvage au fil des saisons* de Lucie Saint-Voirin, 2020.
- *Le Manuel de la vie buissonnière* de Vianney Clavreul, 2020.
- *Épices et aromates* de Florence Cosnier, 2019.
- *Glaner algues, fruits de mer et plantes sauvages* de Bernard Bertrand, 2018.
- *Déshydrater les aliments chez soi* de Michelle Keogh, 2017.
- *Prodigieuse lactofermentation* de Pascal Labbé, 2017.
- *Prodigieuses graines germées* de Pascal Labbé, 2017.
- *Gastronomie de fleurs* d'Aymeric Vigneron et Louis Meriguet, 2017.
- *Récolter les jeunes pousses* de Moutsie et Gérard Ducerf, 2013 (rééd. 2015).
- *Les Confitures solaires* de Maurice Chaudière et Bernard Bertrand, 2010 (rééd. 2016).
- *Gastronomie d'Apicius* de Renzo Pedrazzini, 2010.
- *Saveurs de fruits sauvages* de Bernard et Annie-Jeanne Bertrand, 2009.
- *Boutd'Pomme et sauvageonnes* de Bruno Delaunay, 2008.
- *Carnet de cuisine sauvage* de Bernard Bertrand, 2008.
- *Grignotages sauvages* de Bruno Delaunay, 2007.
- *Saveurs printanières de fleurs sauvages* de Bernard et Annie-Jeanne Bertrand, 2002.
- *Saveurs d'ortie* de Bernard et Annie-Jeanne Bertrand, 1999 (rééd. 2001).
- *Les Grands Classiques de la cuisine sauvage* de Bernard et Annie-Jeanne Bertrand, 1997.
- La collection « Le Compagnon végétal » de Bernard Bertrand.

Retrouvez toutes nos parutions sur www.terran.fr

Gastronomie de fleurs
Bouquets de saveurs sauvages
terran

Déshydrater
les aliments chez soi
Conseils et instructions étape par étape
100 recettes
terran

Lucie Saint-Voirin
Cuisine sauvage
au fil des saisons
+ de 80 recettes et 50 plantes
terran

Pascal Labbé
Prodigieuse
lactofermentation
Produire facilement à la maison
des aliments vivants
terran

Moutsie · Gérard Ducerf
Récolter les
jeunes pousses
des plantes sauvages
comestibles
En toute confiance,
sans risque de
confusion !
terran

Bernard Bertrand
Glaner algues,
fruits de mer
et plantes sauvages
Balades gourmandes sur la côte
terran

Pascal Labbé
Prodigieuses
graines germées
Découvrir leurs bienfaits pour la santé
Apprendre à les faire germer chez soi
terran

Florence Cosnier
Épices
et aromates
Usages et bienfaits
en naturopathie
Du peps dans votre assiette !
terran

Vianney Clavreul
Le manuel
de la vie buissonnière
Manifeste pour une cueillette sauvage
75 espèces comestibles
terran

Éliane Astier · Bernard Bertrand
Souci et Arnica
Soleils des jardins et des montagnes
Le compagnon végétal # 23
terran

Bernard Bertrand
Ail des ours
Aïe, aïe, aïe les ails sauvages !
Le compagnon végétal # 17
terran

Bernard Bertrand
Les secrets
de l'Ortie
Le compagnon végétal # 1
terran

Crédits iconographiques

Photos et dessins des auteurs.

Suivi éditorial : Coline Pons
Correction : Josselin Rieu
Maquette : Sabine Facchin

Diffusion

France, Benelux : DG DIFFUSION – info@dgdiffusion.com
Suisse : TRANSAT SA / Distribution SERVIDIS SA – transat@transatdiffusion.ch

Cet ouvrage a été achevé d'imprimer par la SEPEC en janvier 2021.
Imprimé en France. Numéro d'impression : 15535201003

Certifié PEFC
Ce produit est issu de forêts gérées durablement et de sources contrôlées.
PEFC 10-31-1470
pefc-france.org